骨董　もう一つの楽しみ

骨董
もう一つの
楽しみ

西岡 正

海鳴社

はじめに

　骨董の楽しみは、古いものに「美」や「用」を見いだすことにある。美に焦点を絞れば「古美術」となる。用に主眼をおくと「古道具」と呼ぶことになろうか。もちろん、用のために作られながら、美しいものも数多い。「古民具」には、美と用を兼備したものが少なくない。とくに優れた古美術品は、美術館や博物館、展覧会などで、その美しさを満喫できる。そのような折紙つきの優品は、私のいう骨董とは無縁である。また、骨董というと、即、収集という言葉につながりがちだ。集めることにこだわれば、楽しみは二の次になってしまう。

　ものを集めること――は、収集と蒐集、二様に書き表される。集めるという意味の収、蒐の漢字に、さらに集めるという漢字を重ねた熟語である。通常、この二つの言葉は、区別することなく使われている。しいていえば、収には自分のものにする、蒐には捜し求める、というところに力点があるように、私には感じられる。

　そこで、私はこの二つを区別して、自分勝手に次のように定義している。「収集」は、ある種のものをひたすら集めること、「蒐集」は、集める対象が、ある価値観によって限定される、という定義だ。収集は、数を競う。「収集は量」の

勝負だ。一方、「蒐集は質」が問われることになる。

　私は、骨董品を数多く集めたいとは思っていないので、気分としては蒐集に近い。しかし、「蒐」の字には、鬼が腰を据えており、それだけに恐ろしい世界だ。その一つが、価値を見きわめる眼の厳しさである。厳しいといっても、その基準は、きわめて主観的なものだ。客観的な評価とは別もの、とこれまた、勝手に考えている。古美術商やその道の専門家の評価とか鑑定と違っていてかまわない。独りよがりの誹りをまぬかれない考え方である。貧者の僻言、素人の強弁、といわれれば、それはそのとおりかもしれない。

　端的にいえば、収集とかお墨つきを前提にしないところから出発しよう、ということである。勝手気ままに、お好みのままに、すべては自分の楽しみのために、に尽きる。しかし反面、考えようによっては、これほど恐ろしいことはない。なにしろ、ものを見る眼があらわに表に出て、その人の価値観が一目瞭然となってしまうのだから……。

　ところで、古いものをどんなふうに楽しむか？
　骨董の美と用を目処に、まず「見つける」楽しみがある。良いものを見つけるというのは、骨董市や道具屋でめざとく自分の眼で、気にいったものを見つけだすことにすぎない。

　よく掘り出しものというが、これは信じられない安値で、評価の高い優品を買うことをさしている。いってしまえば、金銭的に大もうけすることだ。眼力を誇り、自己満足するまではよい。往々にして小人は、万馬券ばかり狙って馬券を買う心理に走ってしまいがちである。掘り出しものを期待する

はじめに

のは、私の楽しみとは、どうみても次元がちがう。

　私は、自分の気にいったものが、手のとどく値であれば、それだけでうれしくなる。ともあれ、骨董の楽しみは、まず「見つける」ことにはじまる。値段と相談して買う買わないを決めることなど、じつはどうでもよいのである。

　次の段階は、さいわい気にいった品を入手できた後、である。「使う」楽しみが、待っている。私は、古い酒器や什器(じゅうき)をいくつかもっている。自分で工夫を凝らした肴をつくり、器を選んで盛りつけ、気にいった徳利と盃で好みの酒を酌(く)む……と、至福の刻(とき)がやってくる。

　彫像や書画であれば、日ごろ眼前においてながめ、安らぎと喜びに身をゆだねて楽しむ。これが酒前であれば、いっそう楽しい。

　つまり、入手した古いものを箱に入れて後生大事にしまっておくのではなく、生活のなかに生かして楽しむ、ということだ。「使う」に際してもう一つ、「見立て」の楽しみを忘れてはならない。古いものの本来の用途ではなく、こんな風に使えないか、とひらめいた用途に、思いきって使ってみることである。これは、思った以上に楽しい結果をもたらす。安い疵(きず)ものでも、見立てによって上手く使うことができると、失った命をとりもどした喜びをおぼえるにちがいない。

　楽しみは、これだけでは終わらない。これからである。最後の楽しみは、手に入れたものについて、「知る」ことにある。古いものをめぐる歴史の襞(ひだ)にうもれた秘話に出あうかもしれない。

7

知るためには、手にした古いものにかかわりのありそうな歴史、文化、民俗、地理……どこからであれ、手当たり次第、諸書のあいだをさまようことからはじめよう。知ることを積み重ねてゆくと、考える楽しみが生まれてくる。知り、考えることから、ストーリーが紡ぎだされ、これまで見えなかった新しい世界が、眼前に浮びあがってくる。

　そんな時をすごしながら、書の海にただよう楽しみ、未知の世界がひらけゆく楽しみに、身をまかせることができる。その楽しみは、限りなく深く、広い。私にいわせれば、骨董の楽しみは「見つける」より「使う」、そして「知る」へと、いや増しに増してゆく。

　もう一つの骨董の楽しみとは、眠りから覚めた古い品じながが、私の想像力をかきたて、過ぎ去った時の彼方へ誘ってくれる楽しみ、といってもよいだろう。

　同じ楽しみを味わっていただくきっかけになれば、と願いつつ、私が楽しんできた軌跡の一端をお話してみようと、いくつか話題をひろいあげて、綴ってみた。

もくじ

はじめに……………………………… 5
1. 黒いマリア………………………… 11
2. マリア観音像……………………… 25
3. 根来の椿盃と箱…………………… 51
4. 柿本人麿坐像……………………… 63
5. 鬚徳利……………………………… 91
6. 鏡像と懸仏…………………………111
7. 河東碧梧桐の書……………………147
8. 独楽（コマ）………………………177
おわりに………………………………205

1. 黒いマリア

ある初夏、有楽町の骨董市で、素朴な黒いマリア像を見つけた。フィリピンで手にいれた、と露店の親爺はいう。なにか惹かれるものがあり、安価だったので買い求めた。持ち帰って像の底を見ると、2枚の小紙片が貼ってあった。RP（フィリピン共和国）の許可証らしいNATIONAL MUSEUMの証票と、19世紀にIloiloで作られたと業者（Galeria Medina）が記した書付だった。素人のキリスト教徒が彫ったようで、稚拙さが残る小さな木像にすぎないが、姿形がよく、愛着がわいてきた。

　じっとながめているうちに、聖母が黒く彩色されているのはなぜか？　と、ふと、疑問がわいてきた。謎を解くヒントを求めて諸書のあいだをさまよっていると、フィリピン渡来の像については詳らかにできないまま、新たな謎を投げかける黒いマリアが、姿をあらわしてきた。

　黒いマリア、あるいは黒い聖母は、古くから西欧をはじめ各地であつい信仰を集めてきた。聖母マリアの像は、誰もが知っているように、普通、肌が白い。黒いマリアにまつわる数多の謎、まずは黒い色の謎に挑戦してみよう。

　最初に、黒くなった冗談のような理由から——

　ブルゴーニュ・ワインで知られるディジョンにあるノートル・ダム聖堂に伝わる話だ。1513年、スイス軍に包囲されたとき、聖堂の黒いマリアをかつぎ出して敵を撃退した。12世紀に作られたこの像は「善き希望の聖母」と呼ばれていた。その後、戦勝記念に聖母像をモデルにして、タペスト

1．黒いマリア

リーが織られた。タペストリーの像の顔が白いので、不審に思った美術史家が、1936年になってもともとの聖母像の顔を洗ったところ、黒い色が消えてしまった。ろうそくの煤で黒くなっていたのである。

またドイツのミュンヘンの東、バイエルン地方にあるアルトエッティングの教会が、451年にフン族に焼かれた。この教会の聖母像が黒いのは、このとき、焼け焦げたせいだという。

フランスだけで100体とも200体ともいわれる黒い聖母像すべてが、焦げたり煤けたりしたものであるはずがない。イアン・ベッグは、世界に約450体の黒いマリア像があるという。これだけの数が黒いとなれば、理由はほかに求めなければなるまい。では、次の伝承はどうだろう。

パリのサンジェルマン・デ・プレの修道院にあった黒いマリア像のことである。1514年、この像がエジプトの女神イシスが息子ホルスを抱く姿だとわかって、撤去されてしまった。もう一つ、1794年にフランス革命で焼失したル・ピュイにあった黒い聖母像。この像は、聖王ルイ9世がエジプトから持ってきたイシス像を聖母像に作りかえたので黒かった、といわれる。[*1]

幼子を抱く聖母の姿は、たしかにホルスを抱くイシスの姿とかわらない。とはいえ、それほど多くのイシス像が、西欧にもたらされたとは考えにくい。聖母マリアが、各地で多様多相に信仰されてきた地母神と習合した、と考えるべきではないか——黒いマリアの研究に先鞭をつけたマリ・デュラン＝ルフェーヴルは、そう考えた。

地母神というのは、豊饒と生命をもたらす大地の母なる神であり、黒は大地の色、地母神を象徴する色である。また、習合（シンクレティズム）とは、複数の宗教が融合することだが、ここでは、新しく入ってきた宗教が、古くから民衆に信奉されてきた土着宗教の要素をとりこんで、信仰形態を変えていったことを意味している。

　そもそも聖母マリアは、キリスト教の初期には、さほど尊崇される存在ではなかった。初期には、イエスは神か人か、という論争がからんでくる。431年のエフェソス公会議で、聖母マリアの位置づけが「神の母（テオトコス）」と決定、これを機に、マリア信仰がだんだんと高まってゆく。

　だがそれより、キリスト教の布教がひろがり、各地で土着の地母神と習合していったことが、民衆をひきつけるきっかけとなって、マリア信仰を隆盛に導いた、とみるほうが的を射ていないか。

　西欧の地母神は、ローマ帝国時代に東方から入ってきて土着した神々が多い。エジプトのイシスをはじめ、アナトリアのキュベレ、ギリシャのアルテミス……など。だが、東方の日に焼けた人肌の色を写したわけではない。東方の女神たちは、元来、黒く表されていたのだ。[*2]

　東方由来の地母神ではなく、ダナ（アナ）など、ケルト人が信仰した女神の像がそのまま聖母像に生まれかわった、とみるのは田中仁彦の説である。黒い聖母の分布が、カエサル（シーザー）征服以前にケルト人が住んでいたガリアと呼ばれた地域に密度が高いのが、一つの根拠になっている。しか

1．黒いマリア

も、黒い像のかなりの数が、50〜80cm ほどの素朴なもので、土中から人や牛が掘り出した例が少なくない。文字通りガリアの地に土着していたのだ。また、木の洞（ほら）から出てきた像もあって、この事実も樹木を信仰対象にしたケルト人を想起させる。

しかし、ケルト起源説ですべてを説明するのは困難だ。さらにこの説に反証を加えれば、キリスト教が広く普及したのちにも、黒い聖母像が作られた、という史実もある。結局、ケルト説もふくめ、マリア－地母神習合説が、妥当な見かたということになるだろう。

黒いマリアには、こんな逸話もある。中央山地マンド（マシフサントラル）の大聖堂に粗雑な黒いマリア像があった。司教が新しい像に代えようとするたびに、信者たちが強く抵抗し、ついに実現しなかった。あるいはまた、アルル郊外の墓所の礼拝堂にあった黒い聖母像が、16世紀に宗教戦争で失われ、そのあとに大理石の立派な聖母像が据えられた。ところが、なんと200年ものちに、土地の人びとが、かつての黒いマリア像を復刻して、大理石像とおきかえてしまった。──民衆の黒いマリアへの並々ならぬ執心がうかがわれる話ではないか。

黒の秘密のほかにも、黒いマリアは、数かずの謎におおわれている。その一つである、黒いマリアとマグダラのマリアの謎の結びつきに、目を向けてみよう。

マグダラのマリアは、聖母マリアとは別人で、元娼婦、イエスの妻、イエス復活の目撃者……など、ことの真偽も曖昧（あいまい）なまま、さまざまにいわれてきた謎を秘めた女性である。

2004年、日本で翻訳されるやベストセラーになった『ダ・ヴィンチ・コード』や翌々年出た『ユダの福音書』などのなかで、鍵を握る人物として、一躍、脚光をあびた。

　黒いマリア像は、マグダラのマリアに捧げられた教会におかれていることが、きわだって多い。よく知られているのがヴェズレーにあるサント・マドレーヌ修道院教会である。マドレーヌはフランス語でマグダラのマリアのことだが、この教会のクリプト（地下聖堂）には、マグダラのマリアの肋骨と称するものが納められている。

　イアン・ベッグによれば、マグダラのマリアを祀る教会に黒いマリア像がある例が、50カ所以上もあるという。このようなことから、黒い聖母はマグダラのマリアのシンボル、ともいわれてきた。だが、その結びつきの所以は、キリスト教の歴史、ことに正史にあらわれない深淵に沈んでいて、よくみえない。

　黒い聖母像は、辺鄙な場所に多い。そして、1979年に世界遺産に登録されたヴェズレーが、サンティアゴ・デ・コンポステラへの巡礼の一出発地であるように、人びとが集い、行きかう巡礼道にそった聖堂や、古くから信仰の聖地だった巡礼地に多い。フランス南西部、断崖に城郭をめぐらせた小村ロカマドゥールの黒いマリアはつとに有名だが、ここもまた、多くの巡礼者が訪れる古い聖地である。

　フランス以外でも、事情は同じだ。隣国スペインでは、ワグナーが楽劇「パルジファル」を着想したバルセロナの北西にある岩山モンセラートの黒い聖母、1656年、プロイセン

1．黒いマリア

とともにポーランドに侵攻したスウェーデン軍がチェンストホーヴァの町を包囲したとき、この危機を救ったヤスナ・グーラ修道院の黒いマリア、あるいは海を隔てて遙かに遠いコスタリカのカルタゴにある黒い聖母……いずれも有名な巡礼の聖地にある黒い聖母マリアの像で、同様の例は、枚挙にいとまがない。

　これらの地は、奇蹟を伝え、民衆の深い信仰に支えられてきた古来の聖地であり、新来のカトリックという中央集権的権威には、不気味にうつったことだろう。それゆえであろうか、ローマ・カトリック教会は、巡礼は奨励しつつも、黒い聖母崇拝には不快感を隠していない。[*3]

　黒い色の謎は解けてきたようだが、黒いマリア像の謎は、まだ残っている。ヨーロッパに黒いマリア像がさかんにあらわれたのは、12世紀から14世紀にかけてのことだった。なぜ、この時期だったのか？

　このころは、教会建築がロマネスク様式からゴシック様式に移行していった時代にあたる。様式のちがいは、高く鋭く天を突くといった外観にあらわれた変化だけではない。構造上の進歩も大きかった。

　ロマネスク様式では、トンネルのような半円筒形の石組み天井の重みを、両側の壁が支えていた。壁の間に渡されたアーチ状の梁（はり）は、補助的なものだった。それがゴシック様式になると、4本の柱が1組になって、石組み天井の重量を小さく分けて支える構造に進化した。

　つまり、隣りあった柱の間の4本のアーチ状梁に、対角線

状に交叉する2本のアーチ状梁が加わって、梁が、半円筒形を四方から短く切り寄せたような石組み天井を受けとめ、それを柱が支える構造になったのだ。なかには3組のアーチ状梁を交叉させて、6本の柱で支持する構造もあった。

　こうした構造は、ゴシック教会の天井を仰ぎみれば、一目瞭然にみてとれる。その結果、教会の壁は薄くなり、柱の組の数を増やすことで、聖堂は巨大化していった。柱はまた、天にとどけとばかり、高くそびえてゆくことになる。

　たしかにロマネスク聖堂は、窓が小さく、壁が厚かった。そして壁面は、聖書の物語などのレリーフで装飾されていることが多かった。ゴシック様式になると、薄くなった壁から浮彫が飛びだして、立体的な彫像となって、聖堂に立つようになった。ロマネスク期に彫像がなかったわけではないが、広く一般化するのは、ゴシック期より後のことになる。また群像から個々に独立した聖像へ、という変化も、それと並行して起きている。

　黒いマリア像があらわれてきたのは、特異な現象というわけではなく、建築様式の変化にともなう普遍的な出来事の一端、という面もあったのだ。

　黒い聖母の地は、巡礼地にみたように、強大な権力となってゆくカトリックの中枢ローマからみると、地理的に、あるいは精神的に、遠い辺境の地であった。そして、土着の神の姿を脱ぎ捨てていない黒い聖母像には、異教の彩りが感じられ、異端の香りがただよう。

　シャルトルのノートル・ダム大聖堂のように、黒い聖母像

1．黒いマリア

が地下聖堂に祀られている場合がしばしばあることから、黒いマリアが「地下の聖母」と呼ばれるのも、なにか暗示的である。そこで最後に、黒いマリアにひそむ異端にからんだ謎にふれておこう。[*4]

前述のとおり、黒いマリアが出現したのは、12〜14世紀のことだった。奇妙なことに、ちょうど時を同じくして、キリスト教にかかわる二つの信仰集団が、隆盛を迎え、異端として悲劇のうちに終焉している。カタリ派とテンプル騎士団である。それぞれの出来事に、なにか関連があったのだろうか？

カタリ派のカタリは、清浄という意味のギリシャ語に由来する。起源はバルカン半島とされるが、12世紀には、プロヴァンス、ラングドック、アキテーヌといった南フランスを中心に、カタルーニャ、アラゴンなどスペイン北東部や北イタリアの一部で、カタリ派として根づきはじめていた。この地域は、黒い聖母像が多いところと重なる。さらに、テンプル騎士団が、自分たちの国をつくりたいと願っていた地域でもあった。地理的にみると、三者には、こんなつながりが認められる。

二つの集団を、もう少しくわしくみていこう。カタリ派は、形あるものは肉体をふくめて悪魔の所産、神は姿なき存在で心に宿る、としている。善悪二元論に立つことから、二神論のマニ教や異端のグノーシス主義の影響をうけたとされるが、新約聖書の言葉を至高の教えとしていることからいえば、生粋のキリスト教というべき教団だ。[*5]

父権主義の傾向が認められるカトリックとちがって、カタ

19

リ派内では男女平等で、生活は清貧を旨とした。女性をふくむ清浄な生き方を貫徹する完全者（完徳者）は指導者であり、普通の信者とは区別していた。信者の共同体が、すなわち教会であり、学校、病院でもあった。

　カトリックの腐敗ぶりをみてきた民衆の信仰が、カタリ派に傾いていった12世紀末、ローマ・カトリック教会は、危機感を抱いて弾圧にかかった。とくに勢力が強かった南仏のカタリ派はアルビジョワ派と呼ばれ、その壊滅をはかって、アルビジョワ十字軍が組織された。残虐な異端審問が制度化されたのも、カタリ派対策が一つのきっかけだった。

　十字軍は南仏の街々を焼き、数多くの信者を火刑に処し、モンセギュールの山岳戦をへて、14世紀なかばにカタリ派は根絶した、とされている。黒い聖母の新たな出現を、ほとんどみなくなったころだ。[*6]

　もう一つのテンプル騎士団とは、聖地巡礼者を守る目的で1118年に創設された最初の騎士修道会であった。名称は、本拠をおいたエルサレムのソロモン神殿（テンプル）にちなんでいる。

　テンプル騎士団は、勇猛果敢だっただけでなく、各地で領地や財宝の寄進をうけ、交易にたずさわって利益をあげ、手形をはじめて用いるなど銀行の元祖といわれる金融業を営み、豊かに富み栄えた。裕福だったことについては、神殿でソロモンの宝を発見したとか、あちこちの教会から秘密暴露を脅しに使って口封じ料をせしめたとか、さまざまに陰口もたたかれた。

　設立目的を忠実につとめ、サンティアゴ・デ・コンポステラへの巡礼道など、黒い聖母の多い地をひんぱんに行き来し

1. 黒いマリア

て、巡礼者をしっかり守った。ところが、当時の騎士たちがこぞって参加したカタリ派掃討のアルビジョワ十字軍には、どうしたことか、最初期の十字軍ともいえるテンプル騎士団は、参加を拒否している。

　貧困と富裕——対照著しいカタリ派とテンプル騎士団だが、司祭をおかない、通常の礼拝様式をとらないなど、日常の信仰形態によく似たところがあった。のちに、グノーシス主義や東方異教との関係をうわさされたことも似ている。また、「聖杯」を護り伝えてきたものたち、という伝承が、過去に繰りかえしささやかれてきたことも、両者に共通している。だが、これは神話的な伝説の世界のこと、その正体すらはっきりわからない聖杯について語るのは、フィクションにまかせよう。

　テンプル騎士団の最後は、突然やってきた。神への冒涜、男色、悪魔崇拝などの罪により、テンプル騎士団の総長以下数千人の騎士が一斉に逮捕されたのが、1307年10月13日金曜日の早朝。拷問で自白を強要され、拒否すれば火刑に処せられた。1314年、最後の火刑は、総長ら2人。ここにテンプル騎士団は終焉を迎えた。罪状の真偽をふくめ、不透明なことが多すぎる。ローマの意向というより、財宝を狙ったフランス王フィリップ4世のしかけた陰謀、という説さえある。

　以後、宗教革命や国境、政体の変動はあっても、連綿とキリスト教のもとにあったことに変わりない西欧では、カタリ派とテンプル騎士団は、謎を残したまま、歴史の陰に追いやられてしまった。どこかで黒いマリアと糸でつながっている

ようにみえるのは、私の幻想だろうか。少なくとも、黒いマリアが私に投げかけた新たな謎にはちがいない。

　余談・その１。欧米では、13日金曜日を不吉な日としていることは、ご存じだろう。その起源が、テンプル騎士団の騎士たちが捕縛された日にちにもとづく、という説がある。もっとも不吉の由来には、諸説紛々ある。イエスが磔刑に処されたヘブライ暦のニサン月（ユリウス暦３月中旬〜４月中旬）13日の金曜日に由来する、というのも有力な説だ。

　再び、私の素朴なマドンナ像にもどろう。黒いマリア像がフィリピンにあったという記録は見つからなかった。ただ、黒いキリスト像がフィリピンに存在すると、ベッグが記している。しかし、その一言以外なにも語っておらず、黒いマリア像との関連はわからない。

　手元のマリア像の造形は、植田重雄が記している「守護の外套のマドンナ」の姿そのものである。外套（マント）は、弱く愚かな人びとを包みこむ守護神の象徴であり、キリストを抱いていないマリア像によく見られる様式、と述べている。

　ここまで綴ってきたことは、骨董市で求めたマリア像に導かれて、はじめて知った世界である。書物の森を散策しながら未知の世界に踏みいる喜び、まさに骨董のもう一つの楽しみであった。そのうえ、さらなる歴史の深い闇に沈む謎にまで、私を誘ってくれたのである。

1．黒いマリア

注
　＊1　イシスは、古代エジプトで最もあつく信仰された女神。兄であり夫であったオシリスとのあいだの子がホルス。オシリスを死から甦らせ、ホルスが復讐するのを助けた。ナイル川がもたらした豊饒の地の母神でもある。
　ル・ピュイの黒い聖母像は、司教であった教皇使節エマール・ド・モンテーユがパレスチナから持ち帰ったイシス像である、という異説もある（田中仁彦）。
　＊2　東方とは、西欧の視点からみた地理概念で、バルカン半島から南へ、アナトリア、アラブ諸国やアフリカ北東部を含む中東あたりまでをさしている。
　キリスト教では、パレスチナを基準にした東方の地を意味する。
　＊3　土着信仰の聖地がキリスト教の聖地に替わった数例。ギリシャ伝来の女神アテナが信奉されていたトゥールーズでは、アテナ神殿跡にラ・ドラド教会が建ち、アテナ像が聖母像として奉献された。また、既出パリのサンジェルマン・デ・プレの修道院とサン・シュルピス教会は、イシスの神殿の跡に建てられた。有名なモン・サン・ミシェルは、聖ミカエルが祀られる以前、ケルトの太陽神ベレンの聖地だった、といわれている。
　＊4　シャルトルの地下の聖母は12世紀の作だが、1793年に革命で失われた。が、1857年のルルドの奇蹟、聖母出現の翌年、黒い聖母が復元された。
　＊5　グノーシス主義は、マグダラのマリアはイエスによって最高の霊知（グノーシス）を授けられたとして、あつく崇拝している。
　＊6　カタリ派の謎と数奇な興亡史は、多くの小説のテーマとなってきた。最近の小説に絞って列記しておこう。佐藤賢一著『オクシタニア』（集英社 2003）、ケイト・モス著『ラビリンス 上・下』（森嶋マリ訳 ソフトバンク・クリエイティヴ 2006）、箒木蓬生著『聖灰の暗号 上・下』（新潮社 2007）。

参考資料
　田中仁彦『黒マリアの謎』（岩波書店 1993）
　イアン・ベッグ、林睦子訳『黒い聖母崇拝の博物誌』（三交社 1994）

植田重雄『聖母マリヤ』(岩波新書 1987)
松原秀一『異教としてのキリスト教』(平凡社ライブラリー 2001)
編著略『原典 ユダの福音書』(日経ナショナル・ジオグラフィック社 2006)
T. ウォレス＝マーフィ『シンボル・コードの秘密』(原書房 2006)
今野國雄『巡礼と聖地』(ペヨルト工房 1991)

2. マリア観音像

年に数回、東京の平和島で、大きな骨董市が開かれる。ある師走の市でのこと、ガラスの飾り棚に、黒く煤けた子安観音と思われる木像が鎮座していた。幼子(おさなご)を抱き、立て膝をした坐像だ。素人っぽい木彫りの稚拙さに、なぜか懐かしさを感じた。若い主人に飾り棚をあけてもらい、手にとった。背部を見てびっくり、そこに「十」字が彫ってあったのだ。

　出どころ不詳、それなりの代価……この二つの条件に、迷いに迷う。ほかを廻ってはもどり、廻ってはもどり、未練がましく、再三、ガラス越しにながめた。こんな機会はまずない、と意を決した。それが、いま手元にあるマリア観音像である。この像は、どのような歴史を秘めているのだろうか？　出自もよくわからないので、追及は断念するしかない。それでも、わずかなことでもよい、知りたい。そこで、マリア観音の周辺に、手さぐりで分け入ることにした。

　まず、観音さまとは何か？　観世音(かんぜおん)とも称する観音は、自ら悟りを求めようとしている菩薩の身でありながら、衆生済度のためにさまざまに姿を変えてこの世にあらわれる。観音さまの起源をたどってゆくと、諸説あることがわかった。

　中央あるいは西アジアの地母神が仏教にとりいれられ、仏教には女性は男性に変身してから成仏するという変成男子(へんじょうなんし)の教説があるため、それにしたがって男性化したとする説は、その一説だ。なかでもイランのアナーヒター女神が原型になったという説に、興味をひかれた。アナーヒター女神は、月の女神、水と豊饒の女神とされ、よく水瓶を手にした姿で

2．マリア観音像

表される。観音菩薩像でよくみかける姿と同じだ。

7世紀前半にインドを訪れた玄奘三蔵は、観音ゆかりの地として、セイロン島への海路に近いポータラカのことを書き残している。補陀落山の語源でもあるポータラカは、インド南端コモリン岬に近いマラヤ山の東の丘に実在した観音霊場と推定されている。丘の頂に池があり、海にも近く、水の女神アナーヒターを連想させる場所だ。

観音の起源から、マリア観音に話を進めよう。観音は、自在に姿を変える変化を、大きな特徴としている。変化した姿のなかには、子どもを抱く観音さまもいるのだろうか。

観音は、聖観音をはじめ十一面、千手、如意輪、馬頭、不空羂索の六観音（これは天台宗の六観音。真言宗では不空羂索に代わり准胝が入る）に変身して人の世にあらわれる。あるいは、『法華経』普門品が説くところによれば、三十三身の変化をみせる。

しかし、これら変化観音のなかにも、仏教の経典や教義にも、子どもを抱いた観音は、出てこない。子安観音、あるいは子育観音という存在は、本来、仏教にはない日本独特の仏さまらしい。中国の慈母観音の影響、とする研究者もいる。だが、慈母観音にしても、当然、同じ理由から仏教本来の観音ではなく、その由来は、はっきりしない。

日本の子安観音の源を求めてゆくと、通説によれば、神道の子安神社にたどりつく。子安神社の祭神である木花開耶姫が、仏教の観音菩薩の原像にあった、というのである。

それにしても、女神由来とか、母親姿の観音としてあらわれても、なぜ、抵抗なく受けいれられたのか。それは、観音

菩薩がそなえていた属性、のおかげだった。これまでみてきたように、どんな姿にでもなれる変幻自在さと、女神性を内包していた、ということにあった。

しかし、子安観音が民衆のあいだに浸透していったのは、じつはずっと時代が下った、のちの世のことだった。

キリスト教を容認した織田信長の覇権のもとにあった1576(天正4)年、京都四条にキリシタン教会堂が建立され、聖母マリア像が安置された。人びとは教会を南蛮寺とか切支丹寺と称し、イエスを抱くマリア像を親しみをこめて子安観音と呼びならわした。キリスト教の布教がひろがるにつれ、人びとが聖母マリア像に接する機会もふえ、子安観音の呼び名もまた、広く普及していった。

切支丹弾圧にあたる宗門改役に最初についた井上政重の記録を編纂した『契利斯督記』に「吉利支丹寺日本有之候所々ハ」、長崎、大村、深堀、有馬、柳川、八代、天草、小倉、博多、山口、広島、和歌山、京、大坂、堺、伏見、駿府、江戸、仙台、会津、金澤、と教会があった全国の地名が列挙されている。

江戸時代には、キリシタン教会が意外に多く、全国各地に建てられていた。子安観音が普遍化するきっかけは、こうした教会におかれた聖母マリア像と日本人のふれあいにあった。それまで、子どもを抱く観音菩薩像にであう機会は、きわめて少なかったと思われる。

次に、聖母子像から変じてひろがっていった子安観音が、逆にもとに還って、マリア観音に変身してゆく過程を追って

2．マリア観音像

みたい。

　はじめに、マリア観音が生まれくる要因となった、キリシタン禁教のおおまかな流れをみておこう。

　信長に代わって天下をとった豊臣秀吉は、1587（天正15）年に伴天連追放令を出し、教会を破壊、これがキリシタン禁教の端緒となった。そして、布教の背後に領土的野心あり、と疑った秀吉は、1596（慶長元）年、のちに二十六聖人と崇められることになる宣教師やキリシタンを磔刑に処した。日本における殉教は、ここにはじまる。しかし、秀吉の弾圧は徹底しなかった。利にさとい秀吉が、イエズス会の仲介なしには進められなかったポルトガル貿易に、未練があったからである。

　江戸開幕後、しばらくのあいだ禁制がやわらぐが、二代将軍秀忠は、1612（慶長17）年にキリシタン禁教令を布告、宣教師を国外に追放し、信者を迫害した。三代家光になると弾圧がいっそう苛烈化する。

　キリシタン弾圧が厳しくなっていった背景には、将軍をないがしろにする神への信仰に対する恐れ、いいかえると封建体制の根底をゆるがす恐れとともに、秀吉が抱いたように、領土侵略への恐れがあった。徳川幕府は、こうした懸念をつのらせていったのだ。ことに武力侵攻の野心を日本側に吹きこんだのは、西欧人のあいだの対抗意識にあおられた陰口、ためにする告げ口だった。

　まず、布教にあたっていたイエズス会の内部からもれてきた。イエズス会士のなかに、迫害に対抗して日本への武力導入をスペインに訴える勢力が出てきた。そこに、1581年、

スペインのフェリペ2世がポルトガルを制圧、併合したことから、ポルトガル人会士とスペイン人会士のあいだに生じた不協和音が重なる。さらに、競争相手のフランシスコ会がスペイン人修道士を送りこんでくる……と、さまざまな要因があいまって、ポルトガル人会士が、スペインに武力侵攻の意図がある、と仲間内で語らい、海外の同士に訴え、スペイン人排斥をはかったのだ。

だが、もっとも効果があったのは、17世紀になって対日貿易をはじめたイギリス、オランダ両国が、先行していたスペイン、ポルトガルの追い落としをねらった画策だった。布教の背後に日本征服のもくろみがある、と幕府にこれまでの植民地政策を吹きこんだのだ。

こうした声に幕府の疑念がふくらんでゆくにつれ、弾圧が過酷になっていった。この状態は、明治にはいっても続き、キリシタン禁制が撤廃されたのは、ようやく1873（明治6）年のことだった。

禁教令下、棄教した信者は「転びキリシタン」、ひそかに信仰を続けるものは「隠れキリシタン」と呼ばれた。厳密ないいかたをすれば、禁教下では、隠れキリシタンより「潜伏キリシタン」と呼ぶほうがふさわしい。これについては、のちにくわしくふれる。

宣教師などの儀式を司る指導者を失った信者は、地域ごとに組織されていたコンフラリア（信徒講）といわれる小さな集団にひそみ、結束して、秘かに自分たちだけで信仰を守りぬくしかなかった。禁教のために作られた五人組制度を逆手

2．マリア観音像

にとって、もともと宣教師が組織したコンフラリアを隠れ蓑に転化させたのだ。

　弾圧から逃れるために、潜伏キリシタンの小集団が長年孤立を続ければ、宣教師らが伝えたカトリックの儀式や祈祷などのしきたりが変容してゆくのは、当然のなりゆきだった。あるいはまた、信仰を周囲から秘匿するために変容をしいられた、ということもできる。

　その一例が、祈りを捧げる聖像だった。聖像はキリシタンであることの確証になるので、他人に知られてはならない、隠さなければならないものだった。十字架のキリスト像などもってのほか、一見してキリシタンであることがわかる聖像を所持したり、人目につくところに安置しておけなかった。だから、聖母マリア像を観音像になぞらえた民衆とは逆に、キリシタンは観音像を聖母マリア像に見立てて、秘かに祈祷の対象にしたのである。それが、マリア観音だった。観音像なら、誰はばかることなく、身近において祈りを捧げることができた。

　キリシタンが弾圧をうけていた時代に、小林一茶は、西日本を行脚している。そして、1793（寛政5）年、長崎の地で次の一句を詠んだ。

　　君が世や茂りの下の耶蘇佛（やそぼとけ）

　この句から、耶蘇仏という言葉が、キリシタン禁制下の世間で普通に使われていたことがわかる。そんな時代にあって

も、人びとはキリスト教の聖像を仏像と呼ぶことに、なんの抵抗も感じていなかった。それは、マリア観音についても、同じだった。

なぜ、そうしたことに抵抗がなかったのか。そこには、日本人特有の宗教意識があった。今も昔も私たち日本人は、ひたすら一つの宗教に帰依しようとする信仰心に乏しい。確乎とした信仰をもたず、神と仏を一緒に祈ることを不思議なこととは思っていない。そんな信仰のありようから、異教に対して寛容だった。その結果、仏教とキリスト教の隔壁をあっさり越え、交錯することに違和感をおぼえなかったのだ。

隠れキリシタンが礼拝した耶蘇仏といわれる聖像といえば、創造主デウス、キリスト、聖母マリアなどの像で、掛け軸の画像や陶磁像、彫像など、さまざまな形で表されていた。長崎や肥前では、こうした耶蘇仏を、集落によってさまざまに名づけて呼んでいた。

デウスを地蔵尊（ジゾース）、リストは十ス（ジュス）様、十ス仏あるいは御前様、聖母マリアを丸屋仏、丸屋様あるいは御影様……。

これら諸聖への尊崇の度合は、キリシタンのあいだで違いがあった。が、オラショといわれた祈りで「サンタマリア」が繰り返し口にされ、暗黙のうちに聖母マリアへの崇拝がもっとも広く深く浸透していた。だから、耶蘇仏のなかでは、マリア観音像がもっとも多かった。[*1]

では、マリア観音像とは、どのようなものだったのか。1856（安政3）年の浦上三番崩れの際に、長崎奉行の岡部

2．マリア観音像

長常がしたためた「浦上村百姓異宗の儀」に「ハンタマルヤと申す白焼仏」「子を抱き候観音体の仏はリウス幼稚の砌其母ハンタマルヤ養育いたし候姿、全く観音の像にて……」と、マリア観音像のことが記されている。

　言葉の訛伝は無視して、意味を素直に読むと、マリア観音像の材質と姿形がよくわかる。白焼仏は、白い焼きもの、つまり白磁製で、姿は子安観音そのままの聖母子像、ということである。この種のマリア観音像は、所持するキリシタンが多かったので、役人に摘発されたのだろう。

　白磁製のマリア観音像は、平戸焼、伊万里焼、萩焼、九谷焼など、日本で作られたものもあったが、多くは中国製だった。輸入白磁像は型抜きの量産品が多く、奉行の記録も暗にいっているように、慈母観音像をそのままマリア像に借用した例も少なくなかった。

　したがって、伝来のいきさつに綿密な裏づけがなければ、胸に子どもを抱く白磁の観音像が、慈母観音として作られたものか、聖母マリア観音像として注文製作されたものか、みわけるのは難しい。

　陶磁製のほかに、金銅造や木造の像がある。金銅像では、ほぼすべて幼いイエスを抱く姿である。注文製作しか考えられない金銅像であってみれば、当然のことだ。木彫のマリア観音像は、仏師の作品よりも、権作といわれる素人の作が多い。姿は金銅像同様、ほとんどが母子像だ。白磁観音像に比べ、金銅、木彫の像には、稚拙なものがめだつ。

　素材でいえば、ほかに石造の耶蘇仏があった。一茶が詠んだのも、句の雰囲気からいって、そのような石仏だったので

はないか。群馬県六合村(くに)に石造聖母子観音像が点在するといわれ、東北、信越の山間部では、マリア像ともいわれる子を抱く石造地蔵菩薩像が散見される。職人の手になる石像は、マリア像か否か、決しがたいところがある。

　聖母マリア像など耶蘇仏が地方に伝わってゆくうえで、聖(ひじり)と呼ばれた遊行僧や修験者、山伏などがはたした役割は無視できない。諸国を行脚する聖や山伏は、権力から忌避され、疎外された亡命者や流民、賤民との接触をいとわなかった。各地で潜伏、孤立していたキリシタンにも、同じように対した。日本各地に鉈彫(なたぼ)りの仏像を遺した、聖といってもよい円空には、名古屋で殉教キリシタンの霊を弔った、という伝承が残っている。この伝承は、その一端を物語っている。
　円空と並び称される木喰上人(もくじきしょうにん)が彫った耶蘇仏とおぼしき像も、各地で見つかっている。北海道のあちこちに遺る聖母子観音、聖母子地蔵の木造菩薩像などが、その例だ。木喰はまた、三十三観音から十一面観音菩薩をはずして、本来そのなかにない子安観音菩薩を加えて彫像したことも知られている［小栗観音堂（新潟県小千谷市）、宝生寺（長岡市）、安住寺（柏原市）］。この事実は、観音像の墨書から明らかになった。ほかに木喰上人の聖母子観音（地蔵）菩薩像が遺っていた場所を調べてみると、キリシタン宗門の栄えた山口などの地に多かった。殉教者を供養する意味があったのだろうか。＊2
　『楢林雑話(ならばやしざつわ)』に、長崎のオランダ通詞 楢林重兵衛の話が載っている。「重兵衛かつて蘭人を護送して江戸に至ることあり、……六部(ろくぶ)の背に子安観音の像を負うたるに逢ふ、蘭人怪しみ

2．マリア観音像

て云、此神日本にても奉ずるやと云、楢林これは子安観音という仏像なりと云ければ、蘭人云此神像は、我方の教主マーク・デ・マリアと云神の像なりと云へりとぞ」。

　山伏の背に乗って、子安観音に仮託されたマリア観音が、辺縁の地に伝わってゆく……そんなふうにもみえる場面である。これが、マリア観音のたどった唯一の道でないことはいうまでもない。禁教後も、僻遠の地を辛苦を重ねながら訪れた宣教師は少なくなかった。本筋のマリア観音伝播の道は、むろん、こちらにあった。

　子安観音以外にも、マリア観音に擬された像がある。鬼子母神像だ。江戸時代から「雑司ヶ谷の鬼子母神は、マリアの像なりとの説あれど詳かならず」といわれてきた。これに関連して、『甲子夜話続編』巻之七に、次のような記載がある。
「林又曰……予亦嘗て聞しは、真間とやらの法華寺に安置せる鬼子母神の像は、耶蘇の像なると云ふ。成るほど長崎より年々借受る絵版にかの像を彫たるが、耶蘇の母小児［耶蘇なり］を抱きし体、よく鬼子母神に似たり」。つまり、長崎渡りの聖母子像にみられる子どもを抱いている姿が、鬼子母神像にそっくりだ、と指摘している。＊3

　鬼子母神像とマリア像が結びついたいきさつには、別の説もある。キリシタン信徒と日蓮宗の不受不施派は、いずれも禁教のうきめにあったことから、ある種、親密な関係にあった。そこで、鬼子母神をうやまう日蓮宗に影響されて、鬼子母神と聖母マリアが習合した、という説である。鬼子母神像がマリア観音と混同され、同一視されてきたのは、姿の類似

といった単純なことではない、というのである。*4

　余談・その２。和辻哲郎が『古寺巡礼』を著したとき、亀井勝一郎が論争をしかけた。『古寺巡礼』の和辻の論は、仏像を美の対象として観るのみで、信仰の対象としては一顧にしていない、という主旨の批判を、亀井が投げかけたのである。信仰心をもたない私が、信仰の像を所持することも、同じ意味で亀井の論難から逃れられない。
　……そんなことを考えていたとき、マリア観音像を手に取った私の気持を、そっくりそのまま表現した柳美里の言葉に遭遇した。僥倖に感謝しながら、反論にもならないことを承知のうえで、以下に、その一節を引用させていただく。「目で世界を見る、耳を澄ます、想像力を働かせる。でも真に感じるのは、手で触ったものだけだ」。

◇

　ここまでたどりつく間に、マリア観音像が導いてくれたキリシタンの時代について、私はあまりに無知であることに気がついた。そこで、時の権力に禁じられていたころのキリシタンの情況を、もっと知りたくなり、書の森の散策を続けることにした。

　はじめに言葉から──。「隠れ」といい「潜伏」というのは、どんなことを意味しているのだろうか？
　マリア観音、あるいは子安観音が、キリシタンの秘かな祈

2．マリア観音像

りの対象となったのは、禁教令に起因していた。そこで、江戸時代以後のキリシタン禁制の流れを、もう一度、振り返っておこう。前にみたように、江戸幕府が禁教令を布告したのちも、しばらくは取り締まりがそれほど厳しくなかった。教会は残っており、宣教師もひそかに信仰の場に立ち会っていた。弾圧が苛酷化するのは、家光が三代将軍について、1635（寛永12）年に鎖国に踏みきり、その前後に寺請制度をしき、踏絵などによる宗門改を実施してからである。

　鎖国2年後の1637年、島原の乱が起きる。以後「崩れ」といわれる、キリシタンを一網打尽にする摘発が続発し、殉教者が急増していった。キリシタンは隠れ、潜伏せざるをえないまでに追いつめられた。1644（正保元）年には、最後の宣教師小西マンショが殉死。指導者を失って信徒だけが残された状態は、明治初期まで長いあいだ続いた。

　信教の自由が認められると、カトリックに帰教した「復活キリシタン」と、潜伏時代の旧習を墨守し続けるキリシタンにわかれ、以後、今日にいたっている。キリシタン研究者が「隠れキリシタン」と称しているのは、禁制が解かれたにもかかわらず、カトリックにもどらなかった旧キリシタンのことである。キリシタン研究者の宮崎賢太郎は、「彼らは隠れてもいなければ、キリシタンでもない」ゆえ、「隠れキリシタン」というのはおかしいと、「カクレキリシタン」と表記することを提唱した。

　宮崎よりはるか以前に、弾圧下、秘かに信仰を守り続けた信者を、姉崎正治は「潜伏キリシタン」と呼んだ。この名称は、キリシタン研究者のあいだで、ほぼ定着している。

だが、異論もある。例えば、小岸昭は、意識的に「隠れ（crypto-)」を使う、と述べている。そこに、いわゆる潜伏キリシタンをふくめる場合もある、ともことわっている。また、神奈川県大磯町にある「澤田美喜記念館」は、「隠れキリシタン資料館」の別称をもち、マリア観音や踏絵、書画などのキリシタン遺物800点余を所蔵、公開している。私は、一日、この貴重な資料を拝観させていただいたことがある。この資料館でも、宗門改の踏絵時代もふくめて「隠れ」を公（おおやけ）に用いている。

　いずれにしろ、「隠れキリシタン」には、カトリックから外（はず）れた民俗宗教、という意味が込められている。そこには、カトリック正統とは別の習合した宗教である、という認識がみてとれる。

　隠れキリシタンの現状調査をしたアンジェラ・ヴォルペによれば、カトリックは、隠れキリシタンを異端とみなしている。『カトリック大辞典』の項目は「はなれ」となっている。カトリック関係者は、普通、「はなれ（離れ）キリシタン」という言葉を使う。さらに軽蔑をふくんだ「善長」という呼び名さえ使われることがある。文字をみただけではわからないが、ポルトガル語 gentio（異教徒）の宛字である。

　逆に、隠れキリシタンと呼ばれる人びとは、自分たちは旧教、カトリックは新教、つまり自らを嫡流のキリスト教徒、ととらえている。正統と異端は、立場によってこのように違う、という証左である。

　現在、長崎県にしか残っていない隠れキリシタンの人びと

2．マリア観音像

には、「隠れキリシタン」と呼ばれることに賛否両論あるという。彼ら自身は「旧キリシタン」「古(ふる)キリシタン」「納戸神」「隠れキリシタン」（生月(いきつき)地方)、「辻の神様」（平戸島・根獅(ねし)子(こ))、「かくれ」「昔キリシタン」「しのび宗」（外海(そとめ)地方)、「元帳」（中五島地方)、「元帳」「古帳」（下五島地方）など、地域あるいは組織によって違った名称で呼んでいる。また、カトリックを「あっち」、自らの信仰を「こっち」と代名詞で呼ぶ単純明快な呼び名が、長崎・黒崎地方にあるそうだ。

　ここで、隠れキリシタンの現況をみておこう。研究者のいう「隠れキリシタン」は、それぞれ孤立した信仰組織に属してきた。孤立というのは、組織ごとに名称から構成、儀式、オラショ（祈り）にいたるまで、ずいぶん異なっており、おたがいに、ほとんどつながりをもっていないからだ。

　現在そうした組織が残っているのは、長崎県内に限られている。宮崎賢太郎によると、隠れキリシタンは、1998～2000年現在、生月（平戸市）269戸、外海（長崎市）57戸、五島（五島市）59戸などで、人数でいえば、長崎県内で1000～1500人、個人で隠れ信仰を守っている人をふくめても、せいぜい2000人程度。しかも組織は急速に消滅しつつあり、存続が危ぶまれている。

　古くから五島では神道への転宗がめだち、ほかでは仏教への改宗が多い。カトリックに転ずるのは、五島で散見される程度で、ごく少ない。世代交代による宗教離れが衰退の根底にあるのはいうまでもないが、なにか一抹のさびしさをおぼえる現象である。

39

余談・その３。キリシタンの語源は、ポルトガル語のcristãoだが、漢字では、じつにさまざまな書きかたをされてきた。最初は、幾利紫旦や貴理志端など、そして吉利支丹がもっとも一般的に用いられていた。ところが、禁教になったとたんに、鬼理死丹、鬼利志端とか切死丹など、恐ろしい文字があらわれる。公的には、吉や利といった吉祥文字を避けて、切支丹と書かれた。こんな表記にも、権力の意向になびきやすい人心が透けてみえるようだ。

言葉については、このくらいにしておこう。
キリシタンが一斉摘発された「崩れ」の地、たくさんの殉教者を出した地域をみると、西日本、ことに九州に多いことに気づく。深く民衆のあいだにキリシタン信仰が浸透していたのは、徳川開幕以前に受洗していたキリシタン大名の領地であった。

バルトロメオ大村純忠の長崎をふくむ大村領内、プロタジオ有馬晴信の島原半島、フランシスコ大友宗麟の豊後国、アゴスティーニュ小西行長の天草領内、ジュスト高山右近の摂津高槻領内などだ。

これらの地で、改宗を迫る熾烈な弾圧が行われたことはいうまでもない。崩れが集中的に起こったことが、その事実を裏づけている。だが、それらの地が特異な例外だった、とするのは早計である。前にも出てきた吉利支丹奉行といわれた井上政重の記録をもとにした『契利斯督記』の「吉利支丹出申國所之覺」の項には、日本全国あまねくキリシタン信徒がいたことが、国、地域別に人数をあげて、記されている。次

2．マリア観音像

の出来事もまた、その傍証になるのではないだろうか。

　2007年6月1日、ローマ法王ベネディクト16世は、江戸時代前期に殉教した日本人188人を福者(ふくしゃ)として承認、翌年11月24日に、長崎で列福式が行われた。福者とは、カトリックでは聖人に次ぐ名誉ある信徒の称号だ。福者に列せられた日本人の殉教地を見ると、山形県、東京都、京都府、大阪府、広島県、山口県、福岡県、長崎県、熊本県、鹿児島県、と全国におよんでいることがわかる。ことに山形は53人と多く、ほかの都府県をしのぐ最大の数となっている。*5

　キリシタン禁制下、この問題で等閑視されがちな東北地方について、簡単にふれておこう。ほかの地域と、いささか状況がちがっている。まず、キリスト教の伝道がはじまったのが遅かった。秋田などで布教がはじまるのは、禁教になった後だった。そのことにも関連するが、西日本では、もっぱらイエズス会が布教にあたったが、未開地といってよい東日本では、フランシスコ会やドミニコ会など、遅れてきた修道会の進出がめだっている。

　そして1614（慶長19）年、幕府は「信仰ヲ棄テザル者ハ之ヲ追放ニ処シ、既婚ノモノハ妻子モロトモ東日本ノハテニ流ス」という通達を出し、津軽などがキリシタンの流刑地になった。のちに、流刑地はもっと西までひろがる。これをきっかけに東北地方では、流刑者だけでなく、逃避してきたキリシタンが、鉱山などの労働者として積極的に受けいれられた。これも、東北にみられる特徴だ。

　もう一つ、九州とともに東北にキリシタンが多かった一因

として、家康時代まで、キリシタンに寛大な藩主が多かったことがあげられる。だが、幕府の弾圧強化の方針に加えて、親キリシタン藩主の国替えや代がわりなど、各藩の事情が重なって、東北地方にも苛烈な弾圧の嵐が吹き荒れた。これも東北の特徴といってよい。

とどのつまり、さらに海を越えた北海道にまで、キリシタン迫害の嵐がおよぶ。島原の乱が終わった翌1639（寛永16）年、『松前年暦捷径（しょうけい）』に「宗徒百六人　悉（ことごとく）　剔首」と記録された大弾圧が起こった。かくして、幕府の目の届かない僻遠の地を求めて四散したキリシタンは、南と北の辺境、天草と松前で、ほぼ時を同じくして最期を迎えたのだった。

◇

ここから、視点を大きく転換する。1549（天文18）年、最初に日本にキリスト教を伝え、聖人に叙せられたフランシスコ・ザビエルが出立した、同時代のイベリア半島の情勢に目を向けてみよう。

カトリックに信仰あつかったフェルナンドとイザベル両王がスペインを統合し、イスラム最後の王国グラナダを制圧、国土再征服運動（レコンキスタ）をなしとげると、時をおかずに、ユダヤ人追放令を公布した。1492年のことである。イスラムの次はユダヤ、というわけだ。

ユダヤ教徒の多くは、キリスト教に改宗したが、彼ら改宗ユダヤ人は「マラーノ（古カスティリャ語で豚の意）」と蔑称され、徹底的に迫害された。その波は、ポルトガルにもお

2. マリア観音像

よんだ。迫害されながら、ユダヤ教の慣習を秘かに続けていた人びとを、小岸は「隠れユダヤ教徒」と呼んでいる。

弾圧が過激化するのは、スペインでは1480年、ポルトガルでは1536年に、異端審問所が開かれたことによる。ここで隠れユダヤ教徒は、密告、摘発、拷問とたどった末、財産没収か、火刑に処せられた。日本のキリシタン迫害に勝るとも劣らない残虐で理不尽なものだった。異端審問の根拠は、キリスト教の絶対化、普遍主義にあったのは当然だが、レコンキスタで火の車になった国庫のために、地位もあり財産もあったマラーノから収奪することも隠れた目的であった。

財産収奪はともかく、隠れユダヤ教徒と隠れキリシタンの弾圧に、誰しも同根の意志を感じるのではないだろうか。

イエズス会が、この動きに無縁であったはずがない。まず、聖フランシスコ・ザビエルである。ザビエルは、来日前の1540年に、ポルトガル異端審問所で、最初の火刑に立ち会っていた。

さらにザビエルがインドのゴアで布教にあたっていた1546年、ポルトガルのジョアン3世宛に書簡を送っている。ユダヤ教徒やイスラム教徒を排除し、原住民を信者とするためには「陛下が宗教裁判所を設置してくださることです」と要請したのだ。この提言の14年後、ゴアで異端審問所が開かれ、1571年には「ゴアを火で満たし、異端者と背教者の死体から得た灰でいっぱいにした」狂信的マラーノ弾圧が行われた。日本では、キリスト教徒であろうとなかろうと、ひろく信頼されているザビエルの知られざる一面である。

国家と宗教の二重権力に、最初から寄りそった人間ばかりではない。マラーノのなかにも、日本にやってきたイエズス会宣教師がいた。日本で活動し、死んでいったルイス・デ・アルメイダである。アルメイダは、マラーノに特徴的な一転二転……する経歴をもっていた。

　まず迫害を逃れてポルトガルを脱出、ゴアへ。しかし、ここでも苛烈なマラーノ排斥にあい、安住できない。自由は、アジアの海にしかなかった。中国南部を拠点にして貿易にのりだし、財をきずいた。30歳になった1555年、さらに「大罪を犯さぬことを願って」、霊魂救済をめざす宣教師に転身したのである。

　念願かなって来日すると、私財を投じて大分に日本最初の総合病院をつくり、かつて学んだ外科、内科の診療につくした。外科では西洋式手術、内科には漢方活用と、マラーノらしい柔軟な治療法を採用し、医術の伝授もおこない、日本の近代医療の先駆けとなる貢献をした。

　だが、救うべきは魂で、肉体ではないとして、トレント公会議が決定した聖職者の医療活動禁止令をうけて、イエズス会も1558年に会士の医学教授や医療行為を禁止。ここで、医を断念したアルメイダは、布教活動に専念し、教化に成果をあげた。それでも、修道士から司祭になかなか昇進できない。昇格したのは、50歳なかばを過ぎた1580年のことであった。天草で死を迎えるが、その詳細、墓所は、いまだ不明である。こうした彼の不遇は、ことごとくマラーノゆえだったのだろうか。

　カトリックによる隠れユダヤ教徒への苛酷な弾圧の情報

2．マリア観音像

は、日本のキリシタンには、いっさい伝わっていない。九州のキリシタン大名が、同時代の 1582（天正 10）年に送りだした天正少年遣欧使節にも、こうした事実が隠蔽されたことは、小岸 昭の書で明らかにされている。

　次いで、日本における状況に移ろう。キリシタンのあまり世に知られていない側面を記すことにしよう。私が、キリスト者である南蛮学の泰斗、松田毅一の著作で、はじめて知ったことだ。それはキリシタン大名が、日本在来の宗教に対してふるった弾圧の実態である。

　幼時に洗礼をうけた高山右近は、1573（天正元）年、高槻城主につくと、領内の社寺を弾圧。城内にあった牛頭天王社をキリスト教会敷地に提供し、神官は御神体をもって山城国男山に逃れた。十余年後、右近が明石に転封になると、神官がもどり、野見神社として再建し、現在にいたっている。かつてキリスト教会だった地を神社や仏寺が奪った、と非難される事例には、このように元の地に社寺が再建された例が少なくない。当初は領外退去にとどまったが、1583（天正 11）年には強圧策に転じ、忍頂寺などを破壊、神仏像を焼却した。

　しかし、なんといっても神社仏閣の破壊が激烈をきわめたのは、半世紀後にもっとも厳しい弾圧をうけることになる、九州のキリシタン大名の領地だった。

　日本最初のキリシタン大名である大村純忠は、1574（天正 2）年、長崎で徹底的に社寺の殲滅をはかった。その実状は『大村郷村記』に「天正二甲戌、同氏丹後守純忠、及臣民、

南蛮之妖教に陥溺し、耶蘇宗門を崇信、而して神社仏閣を焼亡、且つ僧徒を殺害す。惜しき哉、旧来神像霊仏、邪徒の一炬に罹り、忽灰燼と為る……」と、記録されている。この時、キリシタンへの改宗を拒否した仏僧の阿乗は、自死に追いこまれている。

　肥前の有馬鎮純（のちの晴信）は、1580（天正8）年、洗礼をうけると、短期間に40以上の社寺を破却し、仏僧を追放した。2年後、イエズス会の日本準管区長ガスパール・コエリョはルイス・フロイスとともに、仏像が隠されていた加津佐の岩戸山の洞窟に、キリシタンの子どもを引率して行き、大きな像は現地で破壊し、祭壇に放火し、小像は口之津の修道院へ持ち帰り、薪にした。

　大友宗麟は、1578（天正6）年に受洗すると、社寺の破壊に着手。3年後に、宇佐八幡宮が灰燼に帰している。暴挙のすさまじさは「国中の仏神、薪にせよと仰付けられければ、山々在々に走りまわって、仏神の尊容を日々に五駄十駄宛とりよせ打わり薪となす」「余儀なき宗徒の者、御方々を始め申し、老若男女共に天竺教とやらんに成せられ、寺社を破却あり。仏神を或いは河に入れ、或いは薪になし、前代未聞の御様体……」と、記録に残っている。

　キリシタンがおこなった弾圧とキリシタンを襲った迫害、史実には、意外な表裏がひそんでいる。私は、キリスト教に対してあげつらうつもりはさらさらない。ただ、角度を変えて歴史をみたとき、被害者と加害者が反転することがある、という事実を知ったにすぎない。

2．マリア観音像

　遠藤周作は、隠れキリシタンはキリスト教とあまり関係のない土俗宗教、とことわったうえで、こう書いている。「その変形は日本的であり、日本人の宗教意識に即したものであったゆえにかくれ切支丹の宗教は彼等にとって仮物(かりもの)ではなく本物となったのである」と（傍点は原著）。

　ここには、宗教が習合することの、意味、本質が語られている。だが、その是非、功罪を問えば、立場によって、答はまったく違ってくる。その差違を克服できるとすれば、立場を異にするものへの想像力を培(つちか)うしかない。……あちこちさまよった末にゆきついたのは、こんなところであった。

注
　＊１　マリア観音像以外の耶蘇仏とは？　ゼウス像やキリスト像に擬したものとして、大日如来像がある。像の宝冠に花十字紋を彫ったり [長野県佐久市]、天衣に十字模様を表したり [大日堂(広島県三原市)] している。十字架を胎内に隠したり、天衣に彫ったり、象牙で象嵌した釈迦如来像、阿弥陀如来像、薬師如来像、弥勒菩薩像もある。千手観音や天部、不動明王、大黒天などでは、持物を十字架に替えたり、手と持物で十字を象(かたど)ったりしている。神像では天神像が多い。信長時代、京都の北野天神近辺に「太宇須(ダウス)の辻」の地名があったほどキリシタンが多く住んでいたこと、キリシタン大名の黒田如水が菅原道真を尊崇していたことなど、習合の条件があった。天神像の場合、十字架を冠の上に突き出た巾子(こじ)に表示したり、衣冠の模様に隠されていた [長寿寺(山口県萩市)、法常寺(広島県三原市)]。キリスト教の象徴を、像の胎内や装飾に紛らわせて秘かに表すことは、マリア観音像でも見られる。この種の耶蘇仏には、後世の贋作も多い。
　＊２　木喰（木食）は、個人名ではない。米や肉、作物を摂らず、野生の木の実などしか口にしない修行僧の総称である。ここにいう木食上人は、時代からいって、五行（ごぎょう）(1718～1810)をさす、と考えられる。木喰五行は仏像千体の造像を発願して全国を

行脚、微笑に特徴のある木彫仏を彫った。

　＊３　この話をした林とは、林述斎（じゅっさい）（1768 〜 1841）のこと。述斎は、平戸藩主の松浦静山（まつらせいざん）（1760 〜 1841）に『甲子夜話』の執筆をすすめた友人。

　＊４　不受不施派は、法華経信者以外から布施を受けず、施さず、とする日蓮宗の一派。京都・妙覚寺の日奥（にちおう）が、1595 年に豊臣秀吉主催の千僧供養に不受不施を唱えて参加を拒否。4 年後、徳川家康にも同じ教義を貫き、以後、反権力、排他性のゆえに、幕府の弾圧をうけ、キリシタン同様に潜伏した。

　＊５　福者の詳細を記しておく。山形県［ルイス甘粕右衛門ら 53 人］、東京都［ペトロ岐部、ヨハネ原主水］、京都府［ヨハネ橋本太兵衛ら 52 人］、大阪府［ディオゴ結城了雪］、広島県［フランシスコ遠山甚太郎ら 3 人］、山口県［メルキオール熊谷元直ら 2 人］、福岡県［ディエゴ加賀山隼人ら 18 人］、長崎県［ガスパル西玄可ら 3 人、トマス金鍔次兵衛、ジュリアン中浦ら 3 人、アドリアノ高橋主水ら 8 人、パウロ内堀ら 29 人］、熊本県［アグネス竹田ら 11 人、アダム荒川］、鹿児島県［レオ税所七右衛門］となっている。

これ以前に日本では 42 人が聖人、205 人が福者に列せられているが、ほとんどがローマ主導で決められた外国人宣教師や男性聖職者だった。今回は溝部脩神父らが、日本独自にキリシタン信者から選んだ。

参考資料
　植田重雄『聖母マリヤ』（岩波新書 1987）
　図録「キリシタンロード四〇〇年展」（読売新聞社 1983）
　速水侑『観音・地蔵・不動』（講談社現代新書 1996）
　宮崎賢太郎『カクレキリシタン』（長崎新聞社 2001）
　高田茂『聖母マリア観音　御姿と伝承』（立教出版会 1972）
　山折哲雄『仏教民俗学』（講談社学術文庫 1993）
　今村義孝他『切支丹風土記　東日本編』（宝文堂 1960）
　続群書類従完成会『続々群書類従』［第十二宗教部］（国書刊行会 1970）
　松浦静山『甲子夜話続編 1』［巻之七］（平凡社東洋文庫 1981）
　丸山一彦校注『新訂　一茶俳句集』（岩波文庫 1990）

2．マリア観音像

「銀花」編集部『〝手〟をめぐる四百字』（文化出版局 2007）
　つ柳美里の文章
高瀬弘一郎『キリシタン時代の研究』（岩波書店 1977）
アンジェラ・ヴォルペ『隠れキリシタン』（南窓社 1994）
小岸昭『隠れユダヤ教徒と隠れキリシタン』（人文書院 2002）
姉崎正治『切支丹宗門の迫害と潜伏』（同文館 1925）
宮崎賢太郎『カクレキリシタンの信仰世界』（東京大学出版会 1996）
上智大学編『カトリック大辞典Ⅰ』[特輯 キリシタン]（冨山房 1940）
『朝日新聞』（2007.4.5 朝刊、2007.6.2 夕刊）
松田毅一『南蛮のバテレン』（朝文社 1991）
西垣通『1492 年のマリア』（講談社 2002）
吉永正春『九州のキリシタン大名』（海鳥社 2004）
遠藤周作『切支丹時代』（小学館ライブラリー 1992）

3. 根来の椿盃と箱櫃

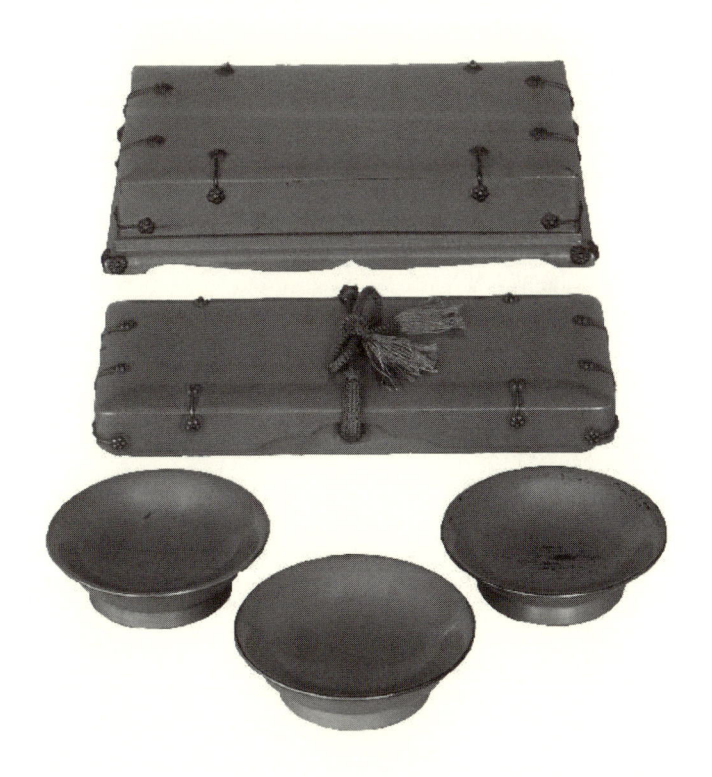

辻 邦生が、「私に、鮮明な映像の美しさで、一種の詩的世界を啓示してくれた」といい、「言葉によって絵画的イメージが描かれることを教えてくれた」といったのは、画人にして俳人であった与謝蕪村である。その蕪村に、次の一句がある。

　　朱にめづる根来折敷や納豆汁
　　　　　（ねごろをしき）（なっとじる）

　根来の角盆（折敷）に載ってきた素朴な納豆汁、根来の美しい朱色を愛（め）でながらいただく納豆汁は、いっそうおいしい味がする、とうたっている。たしかに味覚をも引き立てる視覚的な美しさが浮かんでくる、いかにも蕪村らしい句だ。私も、花のように美しく、椿盃（つばきはい）と呼ばれている古い根来の酒盃を手に、折にふれて冷酒など酌んで、その深みのある美しさとともに、至福の一刻（ひととき）を楽しんでいる。
　また、江戸時代初期の俳諧師として知られる松永貞徳が、批点（ひてん）つまり批評をくわえて採点した門人の俳諧から秀逸なものを選び、西武が編纂（さいむ　へんさん）した『鷹筑波集』（たかつくばしゅう）に、次の前句と付句の組がとりあげられている。

　　折敷をばしつかいしゆにやぬりぬらん
　　ねころ法師はさぞな成佛（じょうぶつ）

　これは、1642（寛永19）年刊『鷹筑波集』の巻第三にある正親（安井忠兵衛）の作だ。意味は、根来の僧はのこらず

3．根来の椿盃と箱

折敷を朱色に塗ったことであろう、で、さだめし僧たちはみな成仏されたにちがいない、といったところか。

この句のなかに、江戸時代から人気を博してきた根来漆器にかかわるキーワードがふくまれている。鍵になる言葉は、「悉皆朱」と「根来法師」である。根来の特徴は、なによりもまず、その朱色にある。そしてその製作者は、根来寺の僧たちだった、ということだ。

根来と呼ばれる漆器には、謎めいた深い魅力がある。ここでは、根来といいならわされてきた塗物の実像に近づいてみたい。まずは、漆、なかでも朱漆に焦点をあてながら、その歴史を振りかえってみよう。

世界最古の漆器とされるのは、中国・長江の河口に近い河姆渡遺跡（新石器時代初期）から発掘された7000年前の赤塗りの椀などの器であるといわれてきた。

日本では、福井県若狭の鳥浜遺跡（縄文時代初期）出土の櫛などが最古の漆製品とされていたが、その後、新潟県大武遺跡から6600年前（縄文時代前期前半）の漆塗り装飾品が発見された。ところが、さらに時代をさかのぼる、驚くべき発掘結果がもたらされた。

2000年8月11日、北海道函館市の北部、南茅部町の垣ノ島B遺跡で土壙墓が発見された。土壙墓というのは、土を掘って遺体を埋葬した墓である。その一つは縦が1.4m、横1.2m、深さが0.6mの大きさの墓で、遺体は屈葬されていた。その被葬者が、いろんな漆製品を身につけていたのだ。櫛状の朱塗りの髪飾り、朱漆が染みこんだ糸で編んだ一

対の服飾品、腕輪、数珠状に連なった孔のあいた朱塗りの玉……など。鳥浜遺跡などと同じように、ここでも漆の色調は、赤かった。

　当時の南茅部町（2004年12月1日函館市に合併）教育委員会は、時代を決定するために、遺体の脳漿が溶けだしたと思われる部分の土と漆片をふくむ土を、アメリカの分析会社に送り、放射性炭素14による年代測定を依頼した。その結果、約9000年前、縄文時代早期前半のものということがわかった。

　これは現在のところ、どんなに古く見積もってもせいぜい8000年前の河姆渡出土品をはるかにしのぐ、世界最古の漆の使用例である。この古さは、注目に値する。これまで漆文化は中国発祥とされ、海を渡って日本に技術移転した、といわれてきた。この説に、疑問を投げかける発見だった。だがこの発見で、漆という技術が北海道で発祥したとするのは、まだ早すぎる。年代決定については問題はないとされているが、できれば年代測定の再試、あるいは交易の可能性など、まだまだ検証すべき課題が少なくないからだ。

　そんなおりもおり、とんでもない事故が、研究の行く手を閉ざしてしまった。2002年暮れの12月28日深夜、南茅部町埋蔵文化財調査団事務所が全焼、保管してあった出土品も被災した。残ったのは、かろうじて視認できる程度の赤い繊維状の残欠だけ、という惨状だった。漆のことを「japan」というにふさわしい発見だっただけに、かえすがえすも残念な被災だった。

3．根来の椿盃と箱

　ただ、2004年4月に『垣ノ島B遺跡出土漆製品の分析と保存処理』という調査記録が刊行されているのが、かろうじて救いになっている。

　漆に混ぜる赤い顔料には、古来、2種類あった。紅柄（弁柄、紅殻）と辰砂（丹砂）だ。ベンガラは、インドのベンガル産が古くから知られ、語源となっている。主成分は、酸化第二鉄（Fe_2O_3）で、安価で耐久性はあるが、ややくすんだ赤で、品質が悪いと褐色になる。これに対して辰砂は、硫化水銀（HgS）で、産出地も限られた貴重な顔料だが、鮮やかな朱色を呈する。どちらも色材にするのにそれなりの技術を要するが、辰砂の精製には、より高度な技術が要求される。

　垣ノ島遺跡出土の赤い漆の顔料が、ベンガラ、辰砂のいずれかよくわからないが、色調などから辰砂のようだ。辰砂を使っていたのが確実なのは、中国では朱漆器片が出土する長江河口の良渚文化（5000〜4000年前）、日本では朱塗り櫛などが多出する、縄文時代後期（3000年前）以降のものである。

　出土物から縄文時代の漆文化の分布域をみると、近畿地方より北、北海道南部までの地域に限られている。この謎は、解かれていない。ことわっておくが、日中いずれも、古代の漆の色が赤に限られていたわけではない。黒漆もあった。

　発掘品ではない伝世品では、650年ころ作られた法隆寺の玉虫厨子が日本最古の漆芸品とされている。国宝に指定されているが、台座四面の「捨身飼虎図」などの彩漆の絵がみごとだ。その後の漆芸技術の高さは、渡来品をふくめ、正倉

院御物などでよく知られている。その正倉院に遺る漆器について、不可解な二つの事実がある。その一つは、朱塗りの漆器がないことだ（もう一つは、注＊1）。[*1]

これは、正倉院だけのことではない。奈良時代全期をとおして、黒漆はあっても朱漆の遺品が見つかっていない。漆芸の技術が、螺鈿、蒔絵……と装飾的に、精緻に、華美に進んでいったのとは裏腹に、朱塗りの簡素で力強い美が忘れられたのだろうか。これも、謎のままである。[*2]

現存する古い朱漆器としてよく知られているものに、国宝となっている厳島神社の古神宝類の内、二つ組の朱漆飾太刀箱がある。1183（寿永2）年、佐伯景弘の調進、という銘文が記されている。すばらしいのは、朱に燃える華やかさではない。むしろ、箱の端や隅が長いあいだにこすれて、下塗りの黒漆がわずかにのぞき、朱色が枯淡の風合を帯びたところにこそ、賞翫の眼目がある。

この美は、まさに根来の興趣に通じるものだ。また、黒漆で下塗りし、その上に朱漆をほどこす――これまた、根来の技法そのものだ。この国宝の箱に、私は根来の源流を見た。長年、使いこむことにより、上塗りの朱漆がところどころ摩滅し、下塗りの黒漆が表にあらわれるという侘びた美しさは、すでに、ここに萌していた。[*3]

前史はこのくらいにして、根来寺に話を進めることにしよう。まず根来の位置を確認しておく。紀州北東部、和歌山市の東に隣接する岩出市の北部、紀ノ川の右岸山あいに位置している。地名は、根来寺にちなんでつけられた。

3．根来の椿盃と箱

　根来寺の発祥は、高野山で真言密教の革新をはかって大伝法院などを創建した興教大師覚鑁が、保守的な金剛峯寺衆徒に追放され、1143（康治2）年、根来山におこした一乗山円明寺にあった。その後、大伝法院の学頭だった頼瑜が、1288（正応元）年に大伝法院などを根来に移し、高野山から完全に独立する。以後、この地で、新義真言宗総本山の根来寺として、隆盛を迎えた。

　最盛期には、寺領70万石、子院2000以上を擁して、高野山をしのぐ規模をほこった。一方、寺の威勢に乗じて増長した僧兵の悪行も周知のことで、イエズス会の年報などの記録にも残っているほどだった。

　以前から敵対してきた相手であり、これを誅戮しようと、豊臣秀吉は10万の大軍をさしむけて、根来寺2万の僧兵をおそった。そのもようを『紀伊國名所圖繪』（二編六下／那賀郡 根來山）は、次のように簡潔に記している。

　「……大坂○豊臣／秀吉の命に從はざるに依りて、天正十三年三月廿一日、堂社佛閣作坊等、すべて二千七百餘宇、一時に灰燼となりぬ」。

　こうして、1585（天正13）年、根来寺は一日にして破却され、根来漆器の生産は、この時点で絶えた。したがって、本物の根来は、ほぼ300年間しか作られていない。

　根来漆器は、大多数が僧たちの日常什器で、法具はごく少数にすぎない、といわれる。技法上の特徴は、第1に、黒漆を下塗りした上に朱漆を塗ったこと、第2に、朱漆は塗りっぱなしで、研ぎ出しなどしない素朴な手法をとったこと、であった。この技法を採用したのは、根来寺がかかえていた膨

大な数にのぼる僧たちの什器をまかなうためだった。

　これは、根来寺で創案された技法というわけではない。ただただ、長期耐用、大量生産可能という目的にそうものだった。だが結果的に、長く使用するあいだに、朱漆が艶やかさを帯び、擦りきれてところどころに下地の黒漆があらわれ、巧まざる素朴な美を現出したのだ。

　ところが、大量生産された正真正銘の根来漆器は、現在、ほとんど遺っていない。秀吉の火攻めで、ほとんどが焼失したのであろう。現存する遺品は、根来以外の社寺に伝わる指折り数える程度とされる。根来と折紙がつくのは、六地蔵寺（水戸市常澄）に伝来する足付盥が唯一無二、といいきる研究者さえいる。この盥は、底に「細工根来寺重宗／六蔵寺二對内／本願法印恵範」と書かれており、恵範の名から16世紀前期の作とされている。

　それにしては、根来、根来ともてはやされる漆器がこれほど多いのは、なぜか。根来寺の壊滅で各地に散った僧が、塗師となって生産を続けたということもあっただろう。

　事実、黒川真頼は、1878（明治11）年刊行の『工芸志料』の注記に「……薩摩国の田代根占と云う所より朱を出す。因りて根来寺破滅して解散せし所の僧徒の中に、此の地に来たり朱塗り椀を作り、以って業と為す者あり、其の製は根来塗に同じくして粗なるものなり。是を薩摩椀と云う。而してその業久しからずして廃す」と記載している。

　だが、根来と称される朱漆器の数は、そのくらいの生産量ではおさまらない。それは、根来寺の技法に倣って作られた

58

3．根来の椿盃と箱

各地の朱塗りの漆器を、江戸時代以来「根来」と総称してきたことによる、とみるべきではないか。そのあたりの事情を次にみていこう。*4

　これまで漆器の名称として「根来」を使ってきたが、これは世の習慣にしたがったまでだ。漆器は、若狭塗、輪島塗、会津塗、津軽塗……など、産地名を冠して「──塗」と呼ぶのが通例である。しかし「根来塗」という通例にならった名称は、普通、使わない。上記の『工芸志料』巻七の表題に、はじめて出てきた新しい名辞である。この根来塗の一節の最後に、興味深い記載がある。

　秀吉の根来寺討滅で「僧徒或は闘死し或は逃亡す……是に於いて其の地漆器を製する業も随いて廃するに至れり。而して後京師の漆工根来塗を模擬す。是を京根来という。工人業を伝えて今に至る」という。

　ここに、根来寺と関連のない擬い物の登場が、はっきり記されている。さらに全体を通して、「根来塗」は根来寺産に限定し、「根来」は類品の総称として、明確に区別していることが読みとれる。そこから考えると、「塗」が省略されてきたのは、産地・時代を不問に付すための方便、とみることができる。厳島神社の神宝のように、ときには、根来塗より古い「根来」もありうることになる。

　このような次第で、京のみならず、奈良根来、春日根来、吉野根来……など、産地名を冠した根来が、巷に流通していった。その結果、これらすべてが、「根来」の名前で堂々とまかり通ってきた。

擬い物のなかには、本来、年月が生み出すえもいわれぬ風合を、最初から作為的に表現した漆器もある。しかも、下の黒地がうっすら見えるさまに作ったものを「霞根来」、赤黒の斑模様に塗ったものを「村根来」と、もっともらしい名前まで与えられている。まったく、おそれ入谷の鬼子母神、である。昨今、各地で培われてきた伝統文化というべき名産品を、余所者が臆面もなく剽窃濫造する悪習が流行っている。根来は、その元祖だった、といえるかもしれない。

　似非根来の負の側面を強調しすぎたかもしれない。霞何某や村何某とちがって、創意工夫をこらした新根来もないわけではない。

　その一例が、仏具製作の伝統をもつ地で作られた奈良根来である。奈良根来のなかに、角や隅を小さな金具で飾った箱の類がある。この飾金は、たんなる装飾ではなく、箱をしっかり補強する役割をはたしている。このような意匠は、従来の根来にはみあたらない。

　私は、仏具の製作から学んで創案した、と考えている。たかだか100年ほど前に作られたものだろうが、真贋の域を超えて質実ともに優れた漆芸品であり、私の愛好する品じなである。技ここに至れば、根来という呼び名など、もはやどうでもよくなってしまう。

　　注　（本文中、／は、出典で改行されている箇所を示す印）
　　＊1　もう一つは、乾漆器がほとんどないことで、小さい花形の椀1個しかない。乾漆とは、麻布を漆糊で張り重ねた素地に、漆を塗ったものをいう。

3．根来の椿盃と箱

　＊2　螺鈿は、夜光貝や鮑などの真珠色の部分を薄く切り、漆塗りの面に嵌め込む装飾。蒔絵は、漆塗りの上に金銀や色の粉を振りかけ模様を描く技法。

　＊3　根来と称されているものには、数は少ないが朱地黒上塗、2色併用上塗の器もある。またわずかだが、上塗りの反対色で絵を描いたものもある。が、本来の根来にはない。

　＊4　江戸時代には「根来」のほか、「根来もの」「根来朱（あけ）」「根来出来」などの名称も使われていた。

参考資料

　尾形仂、森田蘭校注『蕪村全集』第一巻 発句（講談社 1992）
　辻邦生「蕪村に惹かれた日々」；上記『蕪村全集』「第1巻月報1」
　神田豊穂『日本俳書大系』第六巻（日本俳書大系刊行會 1926）
　　⊃『鷹筑波集』
　大西長利『漆 うるわしのアジア』（NEC クリエイティブ 1995）
　松田壽男『古代の朱』（学生社 1975）
　河田貞『根来』（紫紅社 1985）
　河田貞編『日本の美術』120 根来塗（至文堂 1976）
　『古事類苑 兵事部』（吉川弘文館 1980）⊃『紀伊國名所圖繪』
　喜多村信節『嬉遊笑覧 上』（名著刊行会 1970）
　東洋文庫 254『工芸志料』（黒川真頼 前田泰次校注 平凡社 1976）

61

4．柿本人麿坐像

目の前に、16cmばかりの柿本人麿の木彫坐像がある。鎌倉宮の骨董市で入手したものだ。像をおさめた箱の表に「頓阿法師自刻　柿本人丸像」と墨書されている。帰ってから箱の底裏を見ると、さらに次のような一文が書かれていることに気がついた。

「頓阿法師 幼ノ名ハ泰尋 小野□□大納言能實卿／六世ノ孫ナリ 少ニシテ世を遁し叡山ニ登リテ修業シ後チ／高野山ニ入ル 歌を能志 御子左為世卿ノ門ニ入テ深く極ム／時ニ師兼好浄弁慶運ノ輩□□之世ニ時ノ四天王／と稱す 後七十余歳ニシテ愚問堅(賢)注（註）を著す 是より／先 洛東双林寺ニ一草庵を結西行師之暮を慕／時ニ慶（應）安五年二月十三日寂す 年八十四」。[*1]

　最後の行に慶安とあるのは、明らかに應安の誤りである。そのほかの誤りもふくめて、私が（）内に訂正した。所持していた人の筆であろうが、こんな基本的な誤りを書きつけるようでは、頓阿（とんあ）が彫ったというのも、眉唾にみえてくる。

　諸書にあたっていたところ、頓阿が五寸五分の人麿の木像を300体作り、住吉神社に奉納した、と、斎藤茂吉が『柿本人麿』に書いているのを見つけた。しかも、手元の像と同じく「皆首が抜ける」という。茂吉の著書とは別に、天理市櫟本（いちのもと）の柿本寺に遺る多くの人麿像が首を失っており、元来、挿（さ）し首になっていた、と述べている書もある。柿本寺にはまた、人麿像の首が月の出る方向を向く、という伝説が伝わっていることも知った。月の出の位置は動くから、首は作りつけではなく、挿し首でなければならない。

4．柿本人麿坐像

　頓阿作とされる木像に共通する挿し首といい、烏帽子に直衣、指貫を着けて右膝を立てた姿形といい、手元の像とそっくりだ。頓阿が作った本物？　なんて気持が微妙にゆれて、いっときの夢を見る。

　そういえば人麿自身、その像が謎につつまれているように数多くの伝説におおわれ、謎の人物とされてきた。生涯の断片すら記した史料のないことが、さまざまな伝説を生む素地となっている。唯一、人麿の経歴のうち、位階を明記した文章として知られているのは、『古今和歌集（以下、古今集）』の序文である。紀貫之が書いた仮名序で、人麿を高く評価している一節にある。

　「かのおほむ時に　おほきみつのくらゐ　かきのもとの人まろなむ　歌のひじりなりける」という一文だ。この「おほきみつのくらゐ」というのは、「正三位」という意味である。また、紀淑望による真名序では、これに対応する位の表現として「柿本大夫」と書かれている。大夫という言葉は、五位以上の上級官人に対する敬称である。したがって、仮名序と真名序のあいだに矛盾はない。しかし当時の通念では、五位以上の官人であれば、原則として記紀などの正史に、その名前が記載されている。ところが、柿本人麿の名前はどこにもみあたらない。

　仮名序で「かきのもとの人まろなむ　歌のひじりなりける」と絶賛し、歌聖にまつりあげた以上、それにふさわしい位階を人麿に冠して虚飾したのではないか。つまり「正三位」というのは、事実とかかわりのない貫之の脚色、とみられる。

この点について、藤原仲實が著したとされる歌人の小伝を附した『古今和歌集目録』の人麻呂の項には、「年々ノ叙位除目ヲ以テ、ソノ昇進ヲ尋ヌルニ、所見ナシ」と、はっきり位階不明の由が書き記されている。*2

　人麿の位階に関連して、もう一話。田辺 爵が「柿本人麻呂は佐留か」を発表して以来、柿本佐留を人麿と同一人とする説が流布した。『日本書紀』天武10（682）年12月の記事に「癸巳 ……柿本臣猨……幷壱拾人 授_小錦下位_」とある柿本猨のことである。のちに『続日本紀』和銅元（708）年4月の記事に同音名の柿本佐留の死が「壬午 従四位下柿本朝臣佐留卒」と記録されている。姓が臣から朝臣に変わっているのは、『日本書紀』の天武13（685）年11月　朔の条に記されているように、他の51氏とともに柿本臣が朝臣の姓を授けられたことによる。

　猨＝佐留については、研究者のあいだに、ほとんど異論はない。田辺論文は、同時代の人物であることなどから、柿本佐留こそが人麿なのではないか、と提起したところに問題があるのだ。

　サル＝人麿の同一人説は、梅原 猛の所説でもある。これが事実なら、前に書いたことはもちろん、斎藤茂吉ほか多くの研究者の人麿下級官人説は成り立たない。だが、同一人説は、次のような「死」の文字表記から否定されている。*3

　『万葉集』巻二にある有名な人麻呂終焉歌「鴨山の岩根し枕ける……」の前には「柿本朝臣人麻呂在_石見国_臨_死時自傷作歌一首」と題詞が付けられている。また、次に続く歌

66

4．柿本人麿坐像

の題詞にも「柿本朝臣人麻呂死時 妻依羅娘子作歌二首」とある。いずれも人麿の死は「死」の文字で記されている。ところが、『続日本紀』の佐留の死の表記は「卒」だった。

　この違いは、重要である。大宝喪葬令の第十五条によれば、「親王及三位以上稱㆑薨。五位以上及皇親稱㆑卒。六位以下達㆓於庶人㆒稱㆑死」とされ、死の表記には、高位から順に「薨」「卒」「死」を使う、と厳密に決められていた。当時、この規定は遵守されていたので、人麿≠佐留ということを裏づける有力な根拠となった。

　これまでみてきたことから、多くの歌人や研究者が推定しているように、人麿は、五位とは大きな落差がある六位以下の下級官人であったことに、疑いをはさむ余地がない。だがそれ以外のことは、官職をふくめて不詳のままで、生から死にいたる生涯も、茫漠とした霧の中にあるとしかいえない。結局、『万葉集』におさめられた歌や題詞のほかに、頼りになるような資料がないのである。

　かたくるしい史料にもとづく考証めいた話は、ここまで。数ある人麿伝説のなかでも、とんでもない奇想天外な話を紹介しよう。まずは、人麿が山部赤人と同一人だった、という伝説だ。[*4]

　この説の淵源をさかのぼってゆくと、室町時代に書かれた尭憲が著した『和歌深秘抄』（1493年）にゆきつく。

　その一節に、「人丸赤人の事。二名一體のよし相承有。これは白樂天白居易二名一體の儀をもてかやうにあり。配所よりめしかへされて赤人と云。白樂天も后宮を無實にかうふ

り。遠流に侍りけるを。めし返して已後白居易といふ。漢家本朝の例證なり……」とある。

これは、『古今集』の仮名序後半に「ひとまろは 赤人がゝみにたゝむ事かたく あかひとは ひとまろがしもにたゝむことかたくなむ ありける」とある記述からきている、という説がある。「人麿と赤人の歌の技に上下なく同等」という意味を、「人麿と赤人は同一人」と曲げて解釈したことにはじまる、というのだ。*5

『和歌深秘抄』の文では、二つのことに注意しておく必要がある。第1、「配所よりめしかへされて」と、第2に「相承有」という表現である。第2の「相承」という表現から、この伝承が師からの口伝で教わったことがわかる。これについてはのちにふれる。

第1は、人麿＝赤人伝説の根拠にかかわってくる。さらにこれは、もう一つの伝説、人麿流罪説にもつながっている。人麿が配流されたとすれば、何の罪によるのか？　これについて『古今和歌集灌頂口伝』がくわしく記しているので、少し長くなるが引用しておこう。「五種の人麿の事」と題した文中にある。

「第三、人丸・赤人、一人也。その故は、人丸、文武天皇の后勝の左大臣の女を犯し奉りしに依て、解官せられ、上総国山辺郡に流され、年月を経しに、聖武天皇御時、左大臣諸兄・中納言家持等、『萬葉』を撰じゝに、人麿を召返して、歌の判者にせらるべき由を申されしかば、藤原永平『流人を召返して歌の判者とせられん事、如何有べき』と申されしに、諸兄重ねて申されしは、『大唐白楽天は憲宗の后を犯しけるに

4．柿本人麿坐像

依て、潯陽の江に移されしかども、文道の宗匠たるに依て、文宗皇帝の代に召し返し、春宮の学士と成り給ひし』と申されしかば、『此義可然(しかるべく)』とて、召し返し、姓を山辺と改めて、今度は赤人と号す。之に依りて、人丸、赤人は、上下をわきまへぬ程の歌仙なれども、『古今集』に人丸の歌計(ばか)り入りて、赤人の歌一首もなきは、一人なる故也と云々」。*6

　このように人麿の流刑と赤人同一人説は、密接にかかわっている。配流伝説を述べた書は多いが、内容に異同がある。大和岩雄(おおわ)の著書からいくつかひろって、略記してみよう。

　由阿(ゆうあ)の『詞林采葉抄(しりんさいようしょう)』（1366年）に「……持統の御宇(ぎょう)に四国の地に配流され、文武の御代に東海の畔(ほとり)に左遷さる……」、鎌倉末期の『古今集註』人麻呂伝に「人丸、新田高市女王(にったたけちのひめみこ)ヲ犯テ、上総国山辺ノ村ニナカサル。万葉ヲ撰スル時、諸兄公人丸ナクテハト申スニ、重罪ノ者帰コトナシトイフ管仲カ例ヲ引テ、名ヲ改テ赤人ト号シテ被召返(めしかえさる)云々」など。

　貴人女性との密通から連想したものか、ここから驚天動地の在原業平＝人麿変化(へんげ)説が派生してくる。『玉傳深秘巻』という書には、「業平、人丸の歌の末をよむという事は、一躰二名なるにより人丸の歌の末を業平よむなり。人丸、化して業平となる」と記されているという。かく、人麿伝説は、荒唐無稽な空想にまで羽ばたいていった。

　以上のような伝説の流れにのって、17世紀後半に『人丸秘密抄』があらわれる。版元をかえてたびたび刊行され、この手の本では珍しくよく売れたらしい。この書では、人麿が「文武天皇后勝八尾大臣の娘を犯し上総国山辺郡に流罪さる」

に始まり、『和歌深秘抄』などと同じ経過をたどって万葉集の撰者に召還され、姓名を改め「官階宰相正三位山部赤人と号。然らば一躰也」と物語がすすむ。部数からいっても、人麿＝赤人伝説が広く世に流布するようになったのは、この本の功、あるいは罪だった、といってまちがいないだろう。

　もう一つだけ、これに関連した奇書を紹介しておこう。中院通茂の奥書と享保元（1716）年の日付がある『大日本哥道極秘傳書』だ。

　「傳に曰、人丸は持統天皇の璽朝に、任奉申歌人におはします。然るに人丸持統天皇と密通の沙汰有しにより、人丸の御額に〇〇如き朱をもって赤き黶を入れ上総国へ流れ給ふと云々」というのだ。人麿は赤い入れ墨と流刑を受け、「依て人丸も赤人も同躰二名のことにて座す」とつながっている。

　ここには、赤人と名のりかえたのは、罪科を示す入れ墨に由来する、と記されている。従来の伝説では、赤人の名については何も語っていない。山辺の姓が配流地の郡名に由来する、といっているだけだ。

　名もさることながら、問題は密通の罪状である。持統天皇との不義といえば、古今集仮名序の「……歌のひじりなりける。これはきみもひとも、身をあはせたりといふなるべし」の文章が、意味ありげにみえてくる。これまでは、「歌の上で、いわゆる君臣合体であった」（窪田空穂）、「君臣合躰の心也」（北畠親房）、「君臣合躰して歌の道にあひにあふなり」（契沖）などと解釈していた。だがこれは、この秘伝書にもられた内容を暗に示した紀貫之の「絶妙な文章の術策」で

はないか？　密通相手が天皇となれば、「極秘伝」とされたのも当然だ。*7

　上記の一節、じつは、秘伝書の発見者と称する柿花 仄の著書『梠灯(しとう) 柿本人麻呂』が載せている秘伝書から引用したものだ。この書には、冒頭に古めかしい秘伝書の複写写真まで掲載しているが、これもふくめて『大日本哥道極秘傳書』は虚構、つまり偽書の疑いが濃い。過去の類書と同様に、これも人麿の霊が生みだした幻影なのだろうか。しかし、この秘伝書が伝える時代や社会背景について、著者が述べている考察には、聴くべきものがある。秘伝書は、その考えを展開する手段として創作した仮構だったのではないか。

　これまで語ってきた伝説のほかに、神仙思想にまつわる長寿伝説、あるいはそれと反対の若子伝説、罪科ともかかわる渡唐伝説、柿本氏一族の出自や職能に関連した一つ目伝説、住吉明神化身説……と、人麿の伝説は、変幻自在なひろがりをみせる。邪馬台国論争や写楽別人説に、勝るとも劣らぬにぎやかさである。

　しかもこれらの話題は、どちらかといえば知識階級の連中を、時代を超えて誑(たぶら)かしてきた。ただ、その多くは奇抜すぎて、というかあまり馬鹿馬鹿しくて、現代では論争になることはめったにない。とはいえ、伝説、伝承は、実相に接近する一つの方法であることを忘れてはならない。そのあたりをわきまえて、多くの伝説についてはこれ以上踏みこまないで、次は人麿の生と死にまつわる闇をかいまみたい。

◇

　石見国（島根県西部）のとある民家の柿の木の下に、みしらぬ若者が茫然とたたずんでいた——この若者こそ誰あろう、柿本人麿であった。このように、人麿がこの世に忽然とあらわれたとする伝説が、古来、ひそかに伝えられてきた。

　その伝承をさかのぼってゆくと、鎌倉時代末に著された毘沙門堂本『古今集註』の一文「人丸ハ天武天皇御時石見國戸田郡ヨリ化生スル人也」あたりにたどりつくようだ。化生というから、人麿は何かの変化、化け物とでもいうのだろうか。＊8

　それゆえか、奇抜な人麿出現を記した書がある。江戸時代前期の『本朝通紀』前編十巻では、「世傳、石見國 有_大柿樹_、一日樹股俄割、一童子出_生柿樹之中_、傍民養爲_己子_、是則人麻呂也」と、突然、木の股から人麿が生まれてくる。この奇譚は、出生伝説としてはやや異色で、私は寡聞にして、ほかの書ではみたことがない。

　とはいえ、この話は江戸の庶民に、結構、膾炙していたようだ。それは、1791（寛政3）年刊の『誹風柳多留』二十四篇に、次のような川柳が載っていることからも、うかがえる。

　　九十九人ハ親のはらから生れ

　もちろん当時、人麿の歌「あしひきの山鳥の尾のしだり尾のながながし夜をひとりかも寝む」が、百人一首にあること

4．柿本人麿坐像

はよく知られていた。そのうえ、奇矯な生まれかたをしたのは人丸だけ、というのも周知のことだったからこそ、こんな川柳が、柳多留に載ったにちがいない。

　伝説では一般に、もう少し長じた姿で樹下にあらわれる。『防長風土注進案』という文書に、山口県油谷町（長門市）の八幡人丸神社の社伝の写しとして「石州美濃郡長野庄内戸田郷小野村に加多羅比と云農夫あり。園に柿樹あり。彼が妻、夙に樹下を見れば、十七八の禿粧麗しく獨立り」と、記されているという。

　さらに、江戸時代前期に板行された『人丸秘密抄』「自性論灌頂」にある記述の一部を引いてみよう。この書は、前にもふれたように、巷間ひろく流布したばかりではなく、いわば人麿伝説を集大成したもの、といってよい。＊9

　「……人丸は 天武天皇御時三年八月三日に 石見國戸田郡山里といふ所に語ノ家命といふ民の家の柿本に出現する人なり。其歳二十餘 家命尋問に答云、我は家なし、來る所もなし、父母もなし、知所もなし、只和歌の道のみしれりといふ。時に家命ノ主丹後國司秦ノ冬通に申す。冬通清御原天皇に奏す。帝よろこび思召て歌道の御侍讀たり、……時任_石見權守_。始賜_姓號_柿下人丸_。是其時の名字也。」

　ここにみた資料だけでも、それぞれあらわれた人麿の年格好が違っている。だが、場所が柿の樹下であることは、ほとんどの伝説に共通している。そして『人丸秘密抄』にある「柿下」という表記も、伝説資料に限らず、『万葉集』の写本などでも、みかけることがある。

73

いずれにしろ化生伝説は、柿本という苗字に結びつけるために考えだされた伝説、とみてまちがいない。伝説というのは、このようにして作られてゆくのだろう。しかも化生ということから、想像はさらにふくらみ、住吉大明神の化身(けしん)伝説などが生まれてくるのだが、出現の怪異は、ここまでにしておこう。

　伝説では、出現地を石見国とすることに、ほとんど異説がない。だが、江戸時代の国学者の論考以来、出生地については、いまもって研究者のあいだで定説がない。近江説、石見説、大和説の順に、信奉者が多くなっている。
　もっとも支持者が少ない近江説の根拠となったのは、『万葉集』巻三の「柿本朝臣人麻呂の、近江国より上り来たりし時、宇治河の辺(ほとり)に至りて作りし歌一首」という題詞やそれに続く短歌である。
　また、下河辺長流(しもこうべながる)、契沖(けいちゅう)、荷田春満(かだのあずままろ)、賀茂真淵らが唱え、江戸時代に主流となった石見説も、同じく『万葉集』巻二に出てくる「柿本朝臣人麻呂の、石見国より妻を別れて上り来たりし時の歌二首」の題詞と以下の長歌と短歌などを論拠としている。
　だがどちらも、郷里を離れて上洛する若輩の作とは思えない描景、あるいは技巧がうかがわれ、そのほかの観点からも、現在、おおかたの専門家は、近江説、石見説には否定的だ。
　大和説は、史料上の柿本氏の本貫(ほんかん)、つまり発祥の地が、大和であることを重視した推論である。『新撰姓氏録(しょうじろく)』大和國皇別の「柿本朝臣。大春日朝臣同祖。天足彦國押人命之後也。

4．柿本人麿坐像

敏達天皇御代、依┐家門有┌柿樹┐爲┌柿本臣氏┌」、『日本書紀』孝昭天皇六十八年の条の「天足彦國押人尊は、此和珥臣等が始祖なり」などの記載から、柿本氏は和爾氏からわかれた一族とされている。和爾の名は、居住地だった大和国添上郡和爾に由来する。和爾氏の流れをくむ春日氏、柿本氏などの本貫も、この添上郡に集まっている。*10

　斎藤茂吉は、こうした本貫の通説に加えて、『柿本朝臣人麻呂歌集』の歌の内容から推して、人麿が生まれ育った場所として、「大和説に傾いてゐる」と述べている。このいいまわしは、決め手を欠く推論、と自ら認めた表現ともいえる。

　ここで出自に関連する新説を紹介したい。人麿は百済などからの渡来人、とする藤村由加の説だ。枕詞をはじめ和歌を漢字のまま忠実に、朝鮮語、あるいは古中国語として読むと、音調もすぐれ、訓読の定説とはべつに、深い意味があらわれてくる、という。

　私はずっと長いあいだ、万葉集の漢字表記はすべて、和語一音ごとに表音記号として一漢字をあてることによって、万葉仮名としてなりたっている、と思ってきた。ところが、人麿の歌など初期の万葉仮名には、一字一字ではなく、漢字熟語のまま表音記号に用いた例があった（実例は、のちに万葉仮名「馬声蜂音石花蜘蟵」で説明する）。この場合、藤村説はまさに理にかなっており、説得力をもってくる。

　その結果、和漢の言葉を自在に操り、音の上に意味を重ねる操作ができるのは渡来人しかいない、となった。これは、人麿がある年齢になって、突然、あらわれた、という伝説と

もつじつまがあう。

　この説を、一概に無視することはできない。というのは、1937（昭和12）年に国語学の権威であった橋本進吉が「萬葉集は支那人が書いたか」と題する論文を書いているなど、同じようなことを論じた先例があるからだ。万葉仮名に、平仮名と違って清濁音を区別したり、母音の微妙な違いを区別するなど、日本人には困難な漢字の使い方がみられることは従来から知られていた。そんなことを根拠に、朝鮮人の筆による、と主張する国文学者もあった。

　藤村は、人麿が朝廷や貴人の行跡に批判を強め、暗に歌にその意を込めたことが露見して死を強いられた、と想像をまじえた結論にいたる。多言語的視点から到達した、現代の新しい伝説といえる。

　では、古伝にみる死の伝説はどうか。不思議なことに、生とは対照的に、死の伝説は、ないにひとしい。人麿の死については、『万葉集』巻二に、前に漢文のまま引用した題詞「柿本朝臣人麻呂の　石見国に在りて死に臨みし時に　自ら傷みて作りし歌一首」をおいた短歌があり、「柿本朝臣人麻呂の死にし時に　妻の依羅娘子(よさみのをとめ)の作りし歌二首」が、その死を悼んでいる。死について、このように明記されておれば、怪異は介入しにくい。

　せいぜい終焉地の細かな地名や死因について、研究者の侃々諤々、論争をまねいたにすぎない。しかしこれも、生誕地同様、決め手を欠いた推論の応酬で、伝説とかかわりないので、ここではふれない。

4．柿本人麿坐像

　梅原 猛が『水底の歌』で展開した刑死説もまた、新しい伝説といえよう。人麿は、茂吉が主張した島根県邑智郡湯抱ではなく、中世まで通説であり、自作挽歌に詠みこんだ石見国高津の鴨山（島根県益田市）で水刑死して、その地で神社に祀られた、というのだ。そこで人麿は、水難よけの神とされた。さらに「火止まる」から火難よけの神に、「人生まる」から安産の神に、「糜止まる」から疫病退散の神になる、と駄洒落じみた俗信にまで饒舌に話がおよぶ。

　人麿の没年は不明だが、8世紀初頭とされている。当時は大宝律令が施行されていたが、その律令は散逸してしまって、いまはない。

　しかし、大宝律令は、次の養老律令と基本的に同じ、と史学者の見解がほぼ一致している。そこで養老律令を見てみると、『律』のまず最初に「笞罪五、杖罪五、徒罪五、流罪三、死罪二」とはじまり、罪と罰は、身分や罪状の軽重によって、明確に規定されている。そのあとに続く総則を記した規定を読んでも、あるいは日本の律令が規範とした唐律をみても、水罪（水死刑）という刑罰はない。[*11]

　この理由から、梅原説に賛同する研究者は少数にとどまっている。とはいえ、これらの新たに提唱された伝説を、荒唐無稽な伝承と同一視してはいけない。新たな視角からの再検討をうながした功績は、決して小さくはなかったからだ。

◇

　人麿伝説の内容はここまでにとどめ、伝説がどのような背

景のもとに形成されてきたか、考えてみたい。その前に、『万葉集』成立後の状況を、ざっとみておこう。万葉集は、奈良時代に大伴家持が編纂したといわれているが、確実なことはわかっていない。現在の万葉集は、その原形ともいうべきものが、多くの手による書写をとおして補筆を重ねられ、姿を変えながら、伝来したものだ。

また、原万葉集ともいうべき形がととのったのち、日本の文化をめぐる情勢が大きく変貌した。そのころから、藤原氏が台頭し、仮名が生まれ、『古今集』勅撰が進められるころまで、およそ150年間、漢詩文を重んずる唐風文化が一世を風靡し、和歌などの国風文化は軽んじられ、低調をきわめた。

平安時代末期の1159年に藤原清輔が著した『袋草紙(ふくろぞうし)』の『後撰和歌集』成立事情を記したところに「天暦五年十月日。詔坂上望城、源順、紀時文、大中臣能宣、清原元輔等、於昭陽舎令讀解萬葉集之次令撰之」とある。つまり951（天暦5）年になると、和歌に秀でた梨壺の五人と呼ばれる上記の歌人たちを集めて解読させなければ、もはや万葉仮名も読めなくなっていた。梨壺の五人による訓読を古点というが、万葉集のほぼ全体が読めるようになるには、仙覚(せんがく)が新点を施した鎌倉時代まで待たなければならなかった。[*12]

また『袋草紙』には、「萬葉集者所在稀云々。而俊綱(としつな)朝臣法成寺(ほうじょうじ)寶藏本ヲ申出書寫之。其後顯綱朝臣又書寫。自此以來多流布。至于今在諸家云々」とも、書かれている。この記述から、当時は万葉集をみる機会さえ、めったになかったことがわかる。しかも、古今集以後の時代になって普及したと

78

4．柿本人麿坐像

いっても、万葉集を手にすることができたのは、貴人や名門歌人といった狭い範囲の人びとに限られていた。[*13]

　名門とは、10世紀初期に成立した最初の勅撰和歌集『古今和歌集』の権威を背景にして形成されていった、歌道の家系のことをさしている。藤原顕季にはじまり清輔、顕昭らに連なる六条（藤）家、藤原俊成から定家らに続く御子左家、飛鳥井家などが、歌道家としてよく知られている。そして家ごとに、和歌にかかわる知識について、一子相伝という形で「歌道伝授」が行われてきた。

　伝授の中心になったのが、古今集の注釈だったことから、のちに「古今伝授」と呼ばれるようになった。そしてまた、相伝は、父子から師弟のあいだへと、拡大していった。

　藤原定家は、『古今集』の写本数本を遺しているが、嘉禄二（1226）年本の奥書に「此の集、家々に称する所、説々多しと雖も……後学の証本に備へんが為、手づから之を書く」と、家ごとにさまざまな説が唱えられ、混乱していた状況を記している。それぞれが、他家にない秘伝を口承伝授することで、歌道の家として優位に立とうとしたのだ。

　また、定家の奥書は「……書生の失錯を以て有識の秘事と称す。……」と、誤写を意味ありげに解釈して「秘事」と称する風潮があったことも書いている。いわくありげな秘伝には、このようないい加減な実態もあった。こうした推移をへて鎌倉時代になると、六条家と御子左家が、歌道の家の主流となっていた。

　秘伝を重くみる傾向は、時がたつにつれ、さらに強まって

ゆく。鎌倉時代末、定家の孫の世代に、御子左家が二条、京極、冷泉の三家にわかれたのちは、それが、めにあまるほどになってくる。書かれた時代は下るが、次の一書が、その実態を伝えている。

　1839（天保10）年刊『歴代和歌勅撰考』六巻で、水戸藩士の吉田令世(のりよ)が、古今伝授について「古今集のひめ事とは、いかなるすぢをいふにかあらむ、……歌は我が國のおほやけなるみちなれば、ひめ事あるべきことかは、顧(こ)ふに、これはかの二条、冷泉と爲兼とみつに別れてより、おのもおのも我が家をたてらるゝから、……かかるたは事をまうけて、そのかたざまの人、あるはをしえ子などへ、ひそかに傳へたる拙(つたな)き策といふべし」と述べ、後生大事に伝えてきた秘伝をたわごとと、一刀両断に切りすてている。

　ところで「古今伝授」の本来の目的は、和歌の心と技の伝承にあったから、当然のことながら『万葉集』にも言及された。なにしろ、1000年ころに成った『枕草子』六十五段に、清少納言が「集は、古万葉。古今」と書いたほど、両歌集は数ある歌集中の双璧とされていたのだから。

　なかでも古今集仮名序に「歌のひじりなりける」と絶賛された柿本人麿は、古今伝授に欠かせない歌人だった。万葉編纂のころ、すでに正体不詳だった人麿が、秘密の伝承のなかで魔性をおびていったことは、想像にかたくない。そのうえ歌道家のなかでも、ことに万葉集を重視してきた六条家にはじまる「人麿影供(えいぐ)」が世の中にひろまってゆくと、人麿信仰はいっそう盛りあがり、その高揚した神性がまた、古今伝授

4．柿本人麿坐像

に反映していった。＊14

　ここに出てきた人麿影供とは何か？　通称人丸影供、やや格式ばって柿本影供、柿本講式ともいうが、人麿を祀る儀式のことだ。その式次第は……人麿像の軸を掛け、その前に供物を置く。供養の儀を終えると、参列者が歌を奉納する……。

　その一部始終は、藤原敦光（あつみつ）が著した『柿本影供記』に記録されている。その描写の一部を引いてみると、画像は「一幅長三尺計（ばかり）。著_烏帽子直衣_。」「左手操レ紙。右手握レ筆。年齢六旬（60）餘之人也。」とあり、画像前の供物は「居_飯一坏并菓子魚鳥等_。但以_他物_造レ之。非_實物_。其器如_唐合子_。」などと、微にいり細をうがっている。

　この『柿本影供記』の冒頭に記されていることだが、1118（元永元）年6月16日、修理大夫（しゅりのだいぶ）、つまり六条家の祖である藤原顕季が催したこの会こそ、人麿影供の端緒となるものだった。

　人麿影供といわれる由縁である人麿の画像、すなわち御影（みえい）にも、伝説がともなっている。それは、『古今著聞集』巻第五「和歌」が、次のように述べる伝説である。

　「讃岐の守兼房（かねふさ）朝臣、ふかく和歌の道を好みて、人麿のかたち知らざる事をかなしみけり。夢に人丸来て、われを恋ふるゆゑにかたちを現はせるよしを告げけり。兼房画図にたへずして、後朝（こうてう）に絵師をめして教へてかかせるに、夢に見しにたがはざりければ、悦びてその影（えい）をあがめてもたりけるを、白河院、この道御このみありて、かの影をめして勝光明

81

院の宝蔵に納められにけり。修理の大夫顯季卿、近習にて所望しけれども御ゆるしなかりけるを、あながちに申して、つひに写しとりつ」。

　このあと、顕季の写した人麿像が、六条家の道統を継承した顕輔、清輔……へと、門外不出を守って伝わっていった。そして、白河院が召しあげた原本が焼失したため、その後、六条家の御影が原本とされてきたいきさつを語っている。

　この人麿像は、美術史上、歌仙絵の先駆となった重要な作品とされている。教科書をはじめ、古今東西、絵であれ彫刻であれ、おめにかかる人麿像はすべて、この御影を模倣し、直接、間接に写したものだ。円空も鉈彫り独特の味わいをみせる柿本人麻呂坐像を荒子観音寺（名古屋市中川区）に遺しているが、これも例外ではない。藤原兼房は、はるか末代まで世を席巻する、なんと破天荒な夢を見たものか！

　鎌倉時代の末から六条家が絶える南北朝、室町時代にかけて、人麿像を拝する儀式を歌合に取りこんだ人丸影供が、六条家を越えて他の道統でも催されるようになってゆく。この盛行が、人麿の画像や彫像がさかんに作られてゆく機縁となった。そして人麿像は、ついに古今伝授の場にも姿をあらわすようになる。それは、御子左家の道統が二条家に移り、古今伝授の正統が護持してきた一子相伝の厳格さが失われていった時代でもあった。

　そのころから、古今伝授は家を離れ、師弟相伝が当然のようになり、さらに師弟の制約もだんだんと曖昧になってゆく。高い地位を笠にきて伝授を受ける「堂上伝授」が行われ、

4．柿本人麿坐像

地位の低い者が金銭で購う「地下伝授(じげ)」があらわれ、江戸時代にいたっては、武士や裕福な町人にまで、伝授の対象がひろがっていった。

　また、口伝という伝統がくずれ、秘伝書が世にでまわるようになる。秘伝書のなかで、古今伝授に秘儀めいた装い(よそお)をまとわせたのが、密教の秘法伝授の儀式の名称「灌頂」という語だった。「自性論灌頂」はその一例だ。人麿の魔性あるいは神性は、灌頂という言葉とひびきあい、神秘性をいっそう深くしていった。

　正統とされてきた二条家の道統にしても、その動向から逃れられなかった。一方では、影供と伝授が、儀式として融合し、師弟伝授の場に人麿像をかかげるようになる。これも相互に影響しあって、人麿の神秘化、神格化を助長していった。かつて口承によって秘密裏に伝えられてきた人麿伝説が、こうして表の世界に出てくるとともに、たががはずれたかのように、奇譚に尾ひれがついていった。

　古今伝授が伝統を離れていった重要な時点に、連歌師の飯尾宗祇(いい おそうぎ)がいた。宗祇は、1471（文明3）年に二度にわたって、二条家の道統に連なる東常縁(とうのつねより)から古今伝授をうけている。宗祇が、古今伝授の歴史上、重要な位置にいた、という理由はいくつかある。

　歌の道統に無縁の人だったことが第1。第2に、伝授を権威づけるいろんな手法を考えだしたこと。宗祇が案出した手法の一例をあげると、密教の秘伝継承に用いる「切紙伝授」を借用したことだ。これは、秘伝書でも明かせない秘事を紙

片に書きつけ、手渡しによって伝えることで、伝授の神秘化をねらった仕掛けである。第3、伝授の儀式を様式化したこと。人麿像の前に、香、米、酒をそなえ、模造の三種の神器をかざり、文机に向かって伝授する者と受ける者が対座する……といった様式である。人麿影供そっくりな設(しつらえ)は、ここに定まった。

　宗祇は、古今伝授の新潮流の先端をきり、正統を誇示する一方で、神秘化をはかった。その系統は、江戸時代まで枝わかれしながら、連綿とつづいた。宗祇が、自ら定めた儀式にのっとって著名な歌人公家であった三条西実隆(さねたか)たちに古今伝授したことは、記録に残っている。他方、傘寿を過ぎて7回も越後に旅したのは、上杉房能に古今伝授を授けるため、といわれている。宗祇は、伝授を受ける者が師弟の枠を越えて多様化するのを、身をもって実行した人物でもあった。

　じつは、私の人麿像の箱書にあった頓阿は、宗祇の源流にあたる歌僧である。二条家の藤原（二条）為世の門下で四天王と称されたのが、頓阿、浄弁、慶運(きょううん)、兼好で、この4人をふくめて為世の門弟は、みな僧侶だった。二条家嫡流は為世の四代後に絶え、以後、二条正統は、頓阿ら歌僧が担うことになる。東常縁はこの二条流に連なる。したがって、宗祇は頓阿の末流、ということになる。頓阿もまた、二条流が変わりゆく画期に立ちあった人物、といってよい。

　これまで人麿伝説について、いわば本流にみる形成過程にしぼって考えてきた。このほかに、人麿伝説を創りだし、広く伝えていった支流も存在する。支流は本流に流れこみ、そ

こに伝わる説話に影響を与えたことは疑いない。では、支流には、どんなものがあったのか。

まず、注目しなければならないのは、人麿の出自でみた柿本氏の祖である和爾氏にかかわりのある氏族、集団である。なかでも、遊部など歌舞音曲を業とした流浪の民たちは、人麿伝説との結びつきが深い。神祇、神社に関連する人麿伝説は、彼らを抜きにして語ることができない。

また彼らは、同じ放浪の民である惟喬親王を始祖とする木地師や、製鉄や鍛冶とつながりが深い鋳物師などとも、強い絆をもっていた。その結果、それぞれが生み、伝えてきた伝承が、処々折々、人麿伝説に混ざっていったとみられる。人麿伝説にでてくる配流説につながる貴種流離譚や一つ目伝説などに、その証をみることができる。

諸国に人麿伝説が流布していったのも、流浪の民のなせるわざであったろう。だが、この流れは歴史の陰影にかくれ、私などには近づきがたく、これ以上、記すすべがない。

これも多彩な伝説につつまれた源義経について、伝説とは「あった歴史からあってほしい歴史へ」の変換である、と喝破した高橋富雄にならっていえば、人麿伝説が、誰にとって何のために、あらまほしき歴史だったのか、すでに明らかであろう。摩訶不思議な伝説の枷から人麿を解き放って、ここでもう一度、最初に登場した柿本人麿像を、虚心にながめることにしよう。

片膝を立てて脇息にもたれ、やや上方を見上げてすわるこの姿勢を、史学者の入澤達吉は「歌膝」と名づけている。歌

聖を象徴する姿形だという。古今伝授をうけた宗祇、細川幽斎、木下長嘯子(ちょうしょうし)の画像は、この歌膝で描かれており、人麿への憧憬が表れている。

また島尾 新は、人麿像に「脱俗」「隠逸」を読みとった。この表意も、のちの小堀遠州や詩人石川丈山の画像のなかに伝えられている。そんな意味をこもごもこめて、ゆったり寛ぐ姿こそ人麿にふさわしい、と人麿像を見ていると、こころなしか、私にも、安らぎが訪れてくるのであった。

注（本文中の傍点は、私が付けた）

＊1　□は私に読めなかった字、()は私による訂正、／は改行。
頓阿（1289〜1372）は、鎌倉・南北朝時代の歌人。俗名二階堂貞宗。二条家 藤原為世に師事、為世門の四天王の一人。歌風は典雅端正。二条為明なき後を継ぎ『新拾遺集』の撰定に携わった。

＊2　人麿の表記は、『万葉集』では人麻呂、平安時代以降には人麿、鎌倉〜江戸中期には人丸が、広く用いられた。ここでは引用以外、人麿を使う。

＊3　『日本書紀』記事の訓読（一部漢字は仮名になおした）；「29日……柿本猨……あはせて壱拾人に、小錦下の位を授けたまふ」。
小錦（しょうきん）は、二十六階冠位の錦冠のうち小の階で、錦冠以上になると大夫と呼ばれ、上級官人とみなされた。
『続日本紀』記事の訓読；「20日 従四位下柿本朝臣佐留しゅつしぬ」。

＊4　山部赤人の姓は、普通、『万葉集』では山部、『古今集』以降は山辺と表記している。このことを考慮すると、赤人の苗字が配流地からきているとの説は、説得力にとぼしい。

＊5　白居易と白楽天は、経歴も明らかで、まぎれもなく一人の人物である。楽天は、字［あざな］。中唐期の最も著名な詩人（772〜846）。

＊6　文武帝に后はなく、后の下位の夫人に藤原不比等の娘 宮子（みやこ）がいた。文武朝の左大臣は多治比嶋（たじひのしま）で、

4．柿本人麿坐像

多治比は領地の河内国丹比（たじひ）に由来する。後出『人丸秘密抄』の「八尾」大臣は、丹比あたりの周知の地名から八尾としたようだが、八尾は17世紀以降の地名で、これら記述の信憑性が疑われる。

＊7　中院通茂は実在の人物（1631～1710）。江戸前期の歌人、公家。後水尾院から古今伝授を受けている。

＊8　『古今集註』と題する書は数多い。引用した毘沙門堂本は、歌道の系統で、藤原定家以降主流となる御子左家が、二条家と他二家に分離後、二条流以外の系統に伝わった古今集の注釈本である。『本朝通紀』は、長井定宗編、元禄11（1678）年刊。前編25巻、後編30巻。この訓読；「世に伝ふ。石見国に大なる柿の樹あり。一日（いちじつ）樹の股にわかに割れ、一童子生れ樹の中より出ず。かたわらの民養ひて己の子と為す。これ則（すなわ）ち人麻呂なり」。

＊9　「自性論灌頂」とは、自性、灌頂ともに仏教用語で、ここでは「本性について語られた秘伝を伝授する」といった意味である。

引用は、斎藤茂吉の著書所収、延宝3（1675）年度々市兵衛板行『人丸秘密抄』から。ただし、阿蘇瑞枝の著書に附された寛文10（1670）年書林堂板行『人丸秘密抄』の影印版と照合し、私が、冬道→冬通など一部を修正した。

清御原天皇とは、壬申の乱に勝利して飛鳥浄御原で即位した天武天皇のことである。

＊10　天足彦國押人命（尊）は「アメタラシヒコクニオシヒトノミコト」と読む。孝昭天皇の第一子。皇太子には第二子が立ち、のちに孝安天皇となる。

＊11　笞罪は鞭打刑、打つ回数が罪の重さに応じて5段階で増える。以下同様に、杖罪は杖打刑、徒罪は苦役を課す刑。流罪は近流・中流・遠流の3段階、死罪は身分が低い者には絞罪（絞首刑）、高ければ斬罪（打ち首）。

＊12　『袋草紙』の漢文の訓読（人名は片仮名にした）；「天暦五（951）年十月日、サカノウヘノモチキ、ミナモトノシタガフ、キノトキフミ、オホナカトミノヨシノブ、キヨハラノモトスケらに詔（みことのり）して、昭陽舎に於て万葉集を読み解かしむの次（ついで）に、これを撰ぜしむ」。

＊13　『袋草紙』の訓読；「万葉集はある所まれなりと云々。而（しか）して俊綱朝臣、法成寺宝蔵の本を申し出でてこを書写す。その

後、顕綱朝臣また書写す。これより以来多く流布して、今に至りて諸家にありと云々」。俊綱は藤原道長の孫、養子になり橘俊綱。顕綱は不詳。法成寺は、道長によって 11 世紀に創建された。

＊14　当時、万葉集、新撰万葉集、新撰和歌集、古今和歌集、後撰和歌集などの歌集があった。古万葉というのは、菅原道真撰の新撰万葉集に対して、本来の万葉集をさす時に用いる。

参考資料

　新日本古典文学大系 5『古今和歌集』（岩波書店 1989）
　新日本古典文学大系 1『萬葉集 一』（岩波書店 1999）
　日本古典文學大系 68『日本書紀 下』（岩波書店 1965）
　新日本古典文学大系 12『続日本紀 一』（岩波書店 1989）
　斎藤茂吉『柿本人麿』（岩波書店 1934）
　大和岩雄『人麻呂伝説』（白水社 1991）
　森田悌『古代国家と萬葉集』（新人物往来社 1991）
　阿蘇瑞枝『柿本人麻呂論考』（桜楓社 1972）
　田辺爵『日本文学研究』（26 巻 7, 8 号）⊃「柿本人麻呂は佐留か」
　梅原猛『水底の歌（上、下）』（新潮社 1973）
　塙保己一『群書類従 十六下』（続群書類従完成会 1982）⊃『和歌深秘抄』
　片桐洋一『中世古今集注釈解題 五』（赤尾照文堂 1986）⊃『古今和歌集灌頂口伝』
　柿花仄『昏灯 柿本人麻呂』（東京経済 2000）
　山澤英雄校注『誹風 柳多留（三）』（岩波文庫 1995）
　大和岩雄『人麿の実像』（大和書房 1990）
　大和岩雄『人麻呂伝説』（白水社 1991）
　阿蘇瑞枝『柿本人麻呂論考』（桜楓社 1972）
　斎藤茂吉『柿本人麿』（岩波書店 1934）
　新日本古典文学大系 1『萬葉集 一』（岩波書店 1999）
　塙保己一『群書類従 第二十五輯』（続群書類従完成会 1980）⊃『新撰姓氏録』
　塙保己一『群書類従 第十六輯』（続群書類従完成会 1980）⊃『柿本影供記』
　日本古典文学大系 67『日本書紀 上』（岩波書店 1967）

4．柿本人麿坐像

藤村由加『人麻呂の暗号』（新潮社 1989）
梅原猛『水底の歌 上下』（新潮社 1973）
梅原猛『古代幻視』（文藝春秋 1992）
塙保己一『續群書類從　第十六輯下』（続群書類従完成会 1982）
　⊃『袋草紙』
『新訂増補 國史大系 第二十二巻』（吉川弘文館 1966）⊃『律』
古典文学全集 7『古今和歌集』（小沢正夫校注・訳 小学館 1971）
森正人・鈴木元編『文学史の古今和歌集』（和泉書院 2007）
『古事類苑 文學部二』（吉川弘文館 1979）⊃『歴代和歌勅撰集』
新古典文学大系 25『枕草子』（岩波書店 1991）
新潮日本古典集成『古今著聞集 上』（新潮社 1983）
島津忠夫『連歌師宗祇』（岩波書店 1991）
金子兜太『漂泊の俳人たち』（NHK ライブラリー 2000）
高橋富雄『義経伝説』（中公新書 1966）
黒田日出男編『肖像画を読む』（角川書店 1998）
島尾新『東アジア美術における＜人のかたち＞』（東京国立文化財研究所 1994）

5. 鬚徳利

北原白秋が、1909（明治42）年に、世に問うた処女歌集
『邪宗門』の巻頭を飾る「邪宗門秘曲」のしらべ――

> われは思ふ、末世(まつせ)の邪宗、切支丹(きりしたん)でうすの魔法。
> 黒船の加比丹(かぴたん)を、紅毛(こうもう)の不可思議国を、
> 色赤きびいどろを、匂鋭(にほひと)きあんじやべいいる、
> 南蛮(なんばん)の桟留縞(さんとめじま)を、はた、阿刺吉(あらき)、珍酡(ちんた)の酒を。

　異国への憧憬と畏怖を、幻想的にうたいあげた耽美なしらべに酔ったのは、半世紀以上むかしの私だけではないだろう。＊1

　日本の酒にはなかったルビーの輝きをもつ葡萄酒、キリストが最後の晩餐で語った「これは私のからだである、私の血である」に由来するパンと並んで切支丹秘儀に欠かせない葡萄酒――これだけで、鎖(とざ)された封建の世の人びとは、上下を問わず、珍酡の酒と呼ばれた赤ワインに、抑えきれない好奇心をそそられたにちがいない。

　そのワインを容(い)れて日本に到来した徳利がまた、異郷を意識させずにおかない焼物だった。鬚徳利(ひげどっくり)という。把手(とって)がついた大きな徳利の頸(くび)から胴にかけて、鬚を垂らした男の顔が浮彫になっている。日本ではみかけない奇異な意匠(デザイン)だった。当時の人びとは、この鬚徳利にも、みしらぬ遠き国に想いをはせて、不思議な魅力を感じたことだろう。

　今回は、鬚徳利の源流をたずねてみたい。鬚徳利が生まれ

5．鬚徳利

たのは、中世のドイツだった。ドイツでは鬚徳利のことを、「鬚男水差し」という意味の「バルトマンクルーク」、あるいは「バルトマンスクルーク」と呼んでいる。[*2]

　高温で素焼きにしたシュタインツォイクといわれる焼物で、日本語では、これを炻器（せっき）と称している。釉薬をかけないでも水もれしない、堅く焼きしまる土を素地（きじ）に用いて、1200℃ほどにも達する高温で焼きあげる。いわば、陶器と磁器のあいだの性質をもつ焼物、といってよい。日本に古くからある炻器としては、酒徒が愛好する備前焼をあげることができる。[*3]

　ライン川沿岸で、発祥の詳細ははっきりしないが、かなり古くから炻器が焼かれていた。13、4世紀になると、素地に食塩をふりかける塩釉（えんゆう）炻器が作られ、人気を集めていた。当時作られた壺やジョッキは、ほとんどが無装飾だった。窯の温度が、1000〜1200℃に達したころに、岩塩をふりかけると、器の表面にソーダガラス質の皮膜ができる。塩化ナトリウムが、素朴な釉薬になったのである。

　釉薬のはじまりは、窯のなかで薪の灰が器にかかり、熱で熔（と）けて生じた自然釉だといわれているが、この灰釉以外では塩釉がもっとも古い釉薬といってよい。本来、塩釉は光沢のある透明な釉薬なのだが、素地の土にふくまれる鉄など金属元素の含有量によって、黄褐色、赤褐色、暗褐色などに発色したり、暗灰色の鮫肌のようになったりする。

　15、6世紀には、ケルンやその近郊のフレッヒェン、レーレン、ボン近郊のジークブルク、上流のコブレンツ、ヴェスターヴァルトなどで、浮彫装飾をほどこした塩釉炻器がさか

んに作られた。装飾技法と塩釉技術における進歩が、鬚男の顔をもった酒瓶を生みだし、多くの酒客に供され、愛用されることになった。

初期のバルトマンクルークは、口縁部から頸部までが太く鬚男の顔が大きく、鬚が胴部にまでおよんでいる。ビールのジョッキのようにも使われたようだ。16世紀後半から17世紀になると、いくらか洗練されて、頸がやや細くなり、胴が球のようにふくらみ、鬚男の顔は肩部までにおさまった様式に落ちつく。把手をのぞけば、全体が伊万里の染付大徳利の形に近づいてくる。

バルトマンクルークには鬚づらのほか、胴部をぐるっと草花や帯状の模様がとりまいたものもある。のちには窯を所有する領主や注文主の紋章を、メダルのように浮彫で飾った意匠が多くみられるようになる。日本に伝わった鬚徳利は、鬚づらとともに胴部に紋章を浮彫にした、比較的、新しい意匠のバルトマンクルークが多い。

ケルン工芸博物館やデュッセルドルフのヘッチェンス陶磁博物館で、初期以来のバルトマンクルークを数多く見ることができる。またケルンの西郊外の町フレッヒェンでは、バルトマンクルークが町のシンボルになっていて、陶芸博物館に多数展示されているばかりでなく、町を歩けば巨大なバルトマンクルークのモニュメントが迎えてくれるという。

16世紀後半のレーレンの陶工ヤン・イメンス（・メニッケン）の名声は、ドイツ内外でぬきんでて高い。精緻をきわめた文様、金属のように美しく輝く赤銅色の器肌……彼こそ

5．鬚徳利

レーレンの名を高めた名工であった。ヤン・イメンスは、バルトマンクルークに限らず、神話や古典に題材をとった独創的な意匠の優美な作品を残している。そのバルトマンクルークの逸品は、ロンドンのヴィクトリア・アンド・アルバート美術館に展示されているという。しかし残念ながら私は、ヤン・イメンス級の鬚徳利には、いまだ、おめにかかったことがない。

　ここで、バルトマンクルーク生産の転機になった出来事を記しておこう。陶工の移動と新技法の開発についての話題である。

　塩化ナトリウムは、800℃あたりで熔けだし、さらに温度を上げると蒸発して、有毒な塩素ガスを発生する。窯業がさかんだったケルンで、塩釉焼成するときに発生する塩素ガスによる被害が深刻化し、窯場のたちのきをせまる住民運動が起こった。16世紀のことだ。

　ケルンを追われた陶工たちは、やむをえずフレッヒェン近くに窯場を移した。だが、困ったことばかりではなかった。新天地はすぐれた陶土にめぐまれ、災いを福に転じ、17世紀には名窯地レーレンに劣らない活況をまねいた。その後、30年戦争の戦禍を逃れてきた陶工、あるいは生産縮小や不振で閉窯に追いこまれてケルンやジークブルク、レーレンを離れた陶工たちが、グレンツハウゼン、グレンツァウ、ホールに移り住み、こちらが新しい生産地として盛況を迎えることになった。

　こうした新興地で開発された技法が、コバルトによる青色

などの簡単な彩色をほどこすことだった。鬚づらや紋章の一部が青色で彩られたバルトマンクルークの誕生だ。これが大当たりして、着色鬚徳利の技法は、よその窯場でも採用されるようになった。[*4]

　バルトマンクルークは、早くからイギリスやオランダにかなりの量が輸出され、人気をはくしていた。この二つの国の輸入量が、ことに多かった。需要が多ければ、それぞれが自国内で生産しようとするのは、当然のなりゆきである。17世紀には、オランダでバルトマンクルーク様の陶器が生産されていたといわれているが、その詳細はわからない。では、イギリスでは、どうだったか。

　1626年、トーマス・ルースとエイブラハム・カリンが、炻器の輸入と生産の特許を国王チャールズ1世に請願した、と記録にあるが、その後については不明である。前田正明によれば、確実な資料といえるのは、オックスフォード大学アシュモレアン美術館のプロット博士が『オックスフォードシャーの歴史』(1677年)に書き記した記録だ。

　この書には、オックスフォード大学法学修士ジョン・ドワイトが、ドイツ特産だった炻器の壺や水差しなどの焼成に成功。1671年フラムに工房を作り、数年後には、ドイツとは異なる方法ですぐれた炻器を製作できるようになった、と記されているという。

　ドイツの模倣にはじまったバルトマンクルークが、イギリスでは、胴の膨らみが少なくなり、頸がさらに長くなり、日本の大徳利の形にいっそう近づいた。また、オランダやイギ

5．鬚徳利

リスの製品には、炻器ではない褐色系釉薬をほどこした陶製のものがあった。[*5]

　以上の史話から、日本に渡来した鬚徳利はドイツ製が主だったとしても、オランダ製やイギリス製も、当然、あったと思われる。当時の日本は鎖国下にあり、運んできたのは、オランダ船だった。オランダ経由のドイツ製も相当量あったにちがいないが、オランダ製やイギリス製も少なからずあったと思われる。

　さらに驚くことに、日本でも鬚徳利が作られていた。有名なのは高松藩の讃窯である。しかし、日本製鬚徳利は、さほどの数はない。

　ところで、鬚男の正体は、一体、何者なのか？　イギリスでは、この問いに明快な答が用意されている。鬚徳利は、イギリスでは「ベラルミン」の通称でいいならわされている。素直にドイツ語のまま、あるいは英語に直訳したビアデッドマン・ジャグの呼称も通用している。例えば『ブリタニカ新百科事典』は、［Bartmannkrug］で項目を立てている。では、ベラルミンという名称は、どこからきたのか。

　ベラルミンとは、プロテスタントに敵対したカトリックのロバート・ベラルミン枢機卿のことである。ジョン・ブルが、酒瓶の髭づらを、のちに聖人となる頑固一徹なベラルミンとみなし、風刺をこめてこう呼んだのだ。1605年にロンドンで、カトリック教徒がジェームズ1世をねらって議会地下に爆弾をしかけるというテロ未遂事件が起きた。ベラルミンはこのとき、カトリックを擁護、英国の反カトリック政策を痛

烈に非難して、イギリス国内から反感をかい、嫌われた。そしてなにより、彼はみごとな顎鬚をたくわえていた！ [*6]

イギリスには、同じく宗教がらみで「ダルバ・ボトル」という呼び名もある。スペイン軍人のアルバ公の瓶、という意味だ。公は、16、7世紀の80年にわたるオランダ独立戦争のおり、スペインに逆らう者に厳罰をくだす「血の法廷」を開き、プロテスタントを弾圧、虐殺する挙にでた。彼も髭づらで、ベラルミンと同じように、ジョン・ブルが嫌う人物として、この酒瓶の名称の主となった。[*7]

オランダ独立戦争前後の時代は、ドイツもふくめ西欧各地で戦争が頻発し、そこにカトリックとプロテスタントの激しい対立がからんで混乱をきわめた。バルトマンクルークは、混乱のまっただなかで、悲喜こもごものワインを、あるいはビールを、人びとに供してきた。ベラルミンにしろダルバにしろ、時代の情況が生みだした後付けの名称伝説といってまちがいないだろう。水差しの鬚男は、彼らの登場以前から、この世に姿をあらわしていたのだから……。

では、肝心の元祖ドイツの鬚男は、どこからきたのか。ちなみにドイツにも、鬚男になぞらえられた人物がいる。禁酒令を発した中世の聖職者バルトマン僧正の髭づら、とする説だ。禁酒と酒壺は矛盾したおかしな組み合わせだが、飲み過ぎの警鐘のつもりだろうか。

皮肉はともかく、この説を披露しているE. クーパー自身「ただ、奇怪な顔の飾りは、バルトマン僧正が禁酒令を公告するずっと以前から人気のあった装飾モチーフでした」とや

5．鬚徳利

んわり否定しているように、この説は、こじつけにすぎない。しかも、鬚男という意味のドイツ語そのままの名称というのも、信憑性に疑問をいだかせる。実際、この僧正説はあまり流布しておらず、イギリスのベラルミン説とさえ同列に扱うことができない俗説にすぎない。

西洋陶磁史研究家の大平雅巳は、鬚男が何に由来するか、考察している。仮説とことわってあげている起源説を、略記してみよう。

①フェイス・ジャグ：ヨーロッパの古代、中世以来の顔面付き器。
②酒の守護神：14世紀末に登場したビールの守護聖人ガンブリヌス。
③ウィッチ・ボトル：魔法に用いた瓶。
④野人：中世ドイツ人が好んだ棍棒をもつ恐ろしい男。
⑤キリスト教関連の人物：ベラルミン、アルバ公など。

このうち③の説は、大平自身が否定している。①、②、④は、そこにあげた人物像がバルトマンを連想させる、という程度のことしかいっていない。①は、後述する私がたてた仮説に関連するかもしれない。しかし、くわしい説明はされていない。⑤は、先にくわしくふれた。つまり、大平のいう仮説は、ふくみを残す①以外の説は、バルトマンクルークの起源におよぶものではなく、逆に、バルトマンによって思いうかぶ物や人物を羅列したにとどまっている。

いろいろ調べてくるうちに、髭づらの起源について、私のなかに一つの仮説めいたものが、ぼんやりと浮かんできた。

とりあえず「ケルト起源説」といっておこう。ヨーロッパの文化・芸術の源流はギリシャにある、といわれてきた。だがギリシャに劣らずケルト文化も、古代からヨーロッパ文化の基底に深く広く根をおろしてきた。

　ギリシャとケルトは、ヨーロッパを築いてきた二大源流、といったのは、アーノルド・トインビーだったと記憶する。しかしケルト自体、その歴史は謎につつまれていて、一般にほとんど知られていない。そこで、ケルトを簡単に紹介するとともに、私が書の森からたどりついた仮説について、次に綴っていきたい。

◇

　ケルトは「幻の民」と呼ばれる。一口に3000年の歴史をもつ、といわれるが、その起源はよくわかっていない。しかも文字をもたなかったため、古い時代の歴史についても、ほとんど明らかになっていない。また、ケルト人といっても、人種として共通した肉体的特性をもっているわけではなく、インド・ヨーロッパ語族に属するケルト語を話す人びと、というくらいの定義しかない。[*8]

　ケルト人は、アルプスの山麓からヨーロッパの広い範囲にわたって移動し、居住地を拡大していった。その発端やいきさつもまた、よくわかっていない。そして、戦闘にたけていたものの、中央集権的な権力を望まなかったケルト人は、ついに統一国家を築くことがなかった。多くの部族が、各地に分立、割拠していたのである。

5．鬚徳利

　べつの観点からいうと、ケルト人は、石や金属の加工などにすぐれた技術をもち、装飾美術に特異な才能を発揮した。そんなことから、戦勝者であった彼らは、先住民たちに敵意ばかりでなく、好意をもって迎えられた面もあったのではないだろうか。

　無文字だったケルトに有史時代を開いたのは、ギリシャ人やローマ人の記録である。例えばユリウス・カエサルの『ガリア戦記』は、ケルト人について多くの記述を残している。この戦記は、紀元前58年から51年にわたる征服者の記録だ。フランス、ベルギー、北イタリアなどをふくむガリアの名は、ケルト人をさすラテン語 Galli からきている。この地域の名称自体、当時のヨーロッパでもっとも広範に勢力をひろげていた住民が、ケルト人だったことを物語っている。

　闇にとざされていたケルトの過去に、光を照射したのは、考古学だった。19世紀なかばに、オーストリアのハルシュタット、スイスのラ・テーヌで、ケルト遺跡が発見されたのだ。すぐれた機能と意匠をもつ工芸品や武具が発見され、埋葬儀礼が明らかになって、この二つの文化が、以後、ケルト文化の時代を区分する基準となった。

　紀元前800〜600年代のハルシュタット期には、すでに鉄器時代を迎えていた。ラ・テーヌ初期は、紀元前600年以後の時代、中期が紀元前300〜100年、後期はケルトの衰退期、ローマ帝国がケルトの地域に侵略しはじめた時期にあたる。[*9]

　鉄器時代に先だつ青銅器時代から、ケルトはガリアに進出

し、ブリテン島に渡っていた。イギリスの主島にブリテンの名がついたのは、紀元前5世紀ころ、フランス、オランダなど低地にいたケルトのブリタニ族が、大挙して移動してきたことに由来する。同様に、パリの名はパリシー族に基づく。ボン（独）、ブローニュ（仏）、ボローニャ（伊）はケルト語bona［城砦］から、トゥールーズ（仏）、トレド（西）はケルト語tol［丘］から派生している。アルプスやラインなどの山川名も、ほとんどがケルト語に由来している。ほかにもヨーロッパにはケルト語起源の地名が多く、影響力の大きさがうかがわれる。

　だが、まもなくローマ帝国の圧迫によって、紀元前に各地でケルトの衰退がはじまる。さらに、西方をめざしたゲルマン民族大移動の圧力が加わる。時代が進むと、ブリテンでは襲来するヴァイキングに追われ、ガリアではフランス革命の嵐に遭遇するなどして、各地で分散し、埋没していってしまい、ついにケルトと総称された人びとと文化は、歴史の表舞台から消えていってしまった。

　しかし、アイルランドでは、ようすがややちがっていた。432年、アイルランドの守護聖人となる聖パトリックがキリスト教を伝えると、キリスト教とケルトの伝統信仰が習合して、ケルト文化が消滅することなく、キリスト教文化のなかに移しかえられていった。

　680年ころに作られたキリスト教の福音書を集成した『ダロウの書』、それに続く『リンディスファーンの書』『ケルズの書』の三大装飾写本が、その転移をみごとに表している。現存するこれら華麗に彩られた写本を飾るのは、ヨーロッパ

5．鬚徳利

に類のなかった渦巻文、動物文、組紐文などである。これら特異な文様は、紀元前からケルトが伝えてきた装飾様式そのものだった。

言語にも同じことがいえる。たびかさなるイギリスの英語化政策による危機をのりこえて、いまもアイルランドで使われているゲール語は、ケルト語の原形に近い言語である。言葉は、伝統文化の浸透度を測るよい指標となる。ウェールズ語やコーンウォール語、フランス・ブルターニュ地方のブルトン語など、ケルト語系言語を残している地域は、いまなおケルト文化の残照をとどめる地でもある。

ケルトを紹介しようとすると、書くべきことが際限なくふくらんでゆく。概略といっても、ケルトの全体像は厖大すぎて、とても書ききれない。しかもケルトの実相は、いまだ濃霧におおわれている。おおまかに過ぎるが、ケルト史はこれくらいにして、鬚徳利にもどろう。

バルトマンクルークの鬚づらが、ケルトからもたらされたとすれば、具体的にどのような習俗、文化に根ざしているのだろうか？

それは、ケルト人独特の「人頭信仰」ではないか——私の頭に浮かんだのが、人頭信仰と鬚づらの結びつきだった。

ケルト人は、死者の頭部に不滅の魂が宿り、頭蓋骨をもっていると、その霊と交感できる、と信じていた。人頭信仰の起源である。そこから発展して、戦(いくさ)で切りとった敵の首が、言葉、予言……子孫繁栄などに神的力をもつものとして、大切に保存され、崇拝されるようになった。

103

この信仰が戦場の目撃談と重なって、「ケルトは首狩り族」とローマ人が恐れていたことは、記録に伝えられている。人の頭に悪霊から守ってくれる力があると信じたケルト人は、頭蓋骨そのものや頭部・顔面の彫刻で、入口や柱を飾る習慣をもつようになった。[*10]

　現在に遺る古代の人頭信仰の証拠として、フランスのプロヴァンス地方のケルト遺跡で発見された石造装飾をあげることができる。アントルモンのケルト祭殿は、紀元前124年にローマ人によって破壊されたが、石柱に12の顔面が縦に並ぶ浮彫や、頭部が上下に積み重なった彫刻が見つかっている。ロクペルテューズでも、紀元前1世紀後半にローマ人が破壊した祭殿跡が発見された。その石柱に穿たれたへこみ、龕(がん)には、頭蓋骨がおかれていた、と考えられている。現在、その状態が復元され、公開されているということだ。

　人頭石彫は、ドイツのラインラントでも発見されている。プファルツフェルトで出土した紀元前5〜4世紀ころのオベリスクのような石柱に、それがみられる。石の角柱の下方4面に、ケルト特有の渦巻文で周囲を飾った顔面が彫られていたのだ。フランス、ドイツいずれの遺物の意匠も、人頭信仰に由来している。

　このケルトの伝統は、時代をくだって中世になると、キリスト教建築の浮彫(レリーフ)装飾のなかに復活する。聖ブレンダンが7世紀にアイルランドに創設したクロンファート修道院の聖堂ファサードには、入口上部に10の顔面が整然と三角形に配列し、その下にも顔の浮彫が横一列に並んでいる。アイルラ

5．鬚徳利

ンド西部のディザート・オデアのロマネスク聖堂でも、正面アーチの外縁に怪獣と人面が交互に並んでいる。いずれも通常のロマネスク聖堂の装飾浮彫にある神や聖人像とはほど遠い、不気味さを醸しだしている。

ことわっておくが、ロマネスク聖堂に人頭装飾がみられるのは、ケルトの影響を色濃く残しているアイルランドに限ったことではない。ほかの西欧各地のロマネスク聖堂にも、同じような人頭彫刻が存在することが、数多くの文献に記されている。ヨーロッパの宗教文化の表層をおおいつくしてきたキリスト教は、元来、顔面とか頭部だけをかかげる装飾様式をもっていない。これはその間、深層に沈潜してきたケルト信仰に特有の徴なのである。＊11

興味深いのは、ケルト遺跡から出土した「ゴネストルプの大釜」だ。デンマーク北西部のゴネストルプで、1891年に泥炭掘りが発見した祭祀用の銀製大鉢のことである。紀元前1世紀ころのものとされるこの器の外周に、ケルトの神ケルヌンノスなどの顔が7面、大きく打ち出されている。聖堂彫刻もさることながら、この金属器を飾る浮彫の顔を写真で見たとき、私は直感的に、バルトマンクルークを連想した。

両手でも抱えきれないゴネストルプの大釜と対照的な小さな装身具にも、人面装飾があった。ドイツのラインハイム出土のトルクと呼ばれる首環の両端に彫られた女性の顔、ローデンバッハで発掘されたブレスレットの中央の浮彫の顔……など、紀元前5世紀ころに作られた黄金色に輝く工芸品の装飾に、人の顔が浮かんでいた。また同じころ、左右相称に顔

面を飾った安全ピン様の青銅製留め具が、ライン中流域で製作された、とクリスチアーヌ・エリュエールが記している。彼女は一連の著述のなかで、紀元前5世紀ころになると、単調な幾何学模様がコンパスを使った曲線的な模様に変化し、鳥獣文や植物文、人面が装飾に導入された、とも述べている。

エリュエールは、この時期に「信仰の変容を示すとともに、新たな魔術的象徴体系を構成し」、その後の「ケルト装飾芸術の中核となる個性を構成していった」とみている。ここにいう信仰の変容が、人頭信仰の発祥を意味するかどうかは明記されていない。だが、少なくとも人面装飾があらわれてくるのは、曲線が複雑にからんだ幾何学文とともに、ケルト美術の初期様式ができあがる紀元前5世紀ころ、としている。

鬚徳利から出発して、なんと遙かな時をさかのぼってきたことか！

ケルト文化は、ヨーロッパ文化の基層を伏流水のように流れ続けてきた。眠れるケルトの伝統的な人頭信仰を、バルトマンクルークという形で現実世界に覚醒させるうえで、大平のいうビールの守護聖人ガンブリヌスなど既存のイメージが一種の触媒効果をはたしたかもしれない。しかし、バルトマン装飾の発想の根源にあったのは、あくまでドイツ人に潜在していたケルトの記憶だった、と私は考える。

さらにいえば、大平仮説が最初に取りあげた、古くからあるという人面装飾つきのフェイス・ジャグというのも、バルトマンクルーク同様、ケルトが伝えてきた人頭信仰が表にあらわれた姿だった可能性が高い。また、鬚男をイメージさせ

5．鬚徳利

た野人の姿には、カエサルが『ガリア戦記』に描いたケルト人を彷彿させるものがある。

『ガリア戦記』には、ケルトの僧をさすドゥルイデス（ドルイド）の教えが記されている。その冒頭が「魂はけっして滅びず、死後一つの肉体から他の肉体へ移る」の文言である。この思想は、ケルトの伝統が、これまでみてきたように歴史のなかで反復してよみがえり、再三出現している事実を想いおこさせる。繰り返し姿をあらわす人面を、ケルトの宗教思想は、すでに予言していたのである。

また、ケルト研究者として著名な鶴岡真弓は、ケルト特有の渦巻文を「互いにコイルの末端に次々と絡みつくシステムを強いられ、ひとりでに増殖作用をひきおこしている」「とめどない生成の力」と、読み解いている。古くからケルトの金属細工を飾り、装飾写本を荘厳(しょうごん)した渦巻文は、すなわち不滅・転生のケルト思想を象徴的に表現するもの、といえるのではないか。

そういえば、日本古代の土器に残る縄文のなかに、ケルト独特の渦巻文によく似た装飾模様があったことを思いだす。時代も場所も異なる文化にあらわれた、意外な類似に驚かされる。縄文人も、永劫不滅を祈って、終端のない連続模様を刻みつけたのだろうか。

塩釉を巧みに使う人間国宝の島岡達三は、縄文象嵌の技法を創案した陶芸家として知られている。縄文は古代の技法だが、島岡は身近なところから、それを現代に生かす着想をえた。親が商っていた組紐である。古(いにしえ)と今を結ぶ触媒となった

のが、父親の組む紐だったのだ。ここでもつい、ケルトの組紐文を想い起こしてしまうが、これを結びつけるのは、牽強付会というものだろう。

私は、島岡の塩釉のかかった縄文象嵌の徳利を愛用している。その意匠に、古代日本人の美意識が脈うっていて、無意識のうちに感動をおぼえる。縄文人に共鳴するものが、私の内奥にひそんでいるのであろう。

鬚男の意匠にも、ヨーロッパの人びとの胸中に響く何かがあったにちがいない。バルトマンクルークを手にしたとき、それまで眠っていたケルトの血が、ワインやビールの酒精(アルコール)に呼び覚まされ、時を越えて騒いだのではないだろうか。そうでなければ、これほど数多(あまた)のバルトマンクルークが、西欧各地で連綿と作られ続けてきたはずがない。

注
　＊1　加比丹＝船長、びいどろ＝ガラス、あんじやべいいる＝オランダセキチク、桟留縞＝インド・サントメ産綿縞織、阿刺吉＝蒸留酒、珍酡の酒＝赤葡萄酒。

　＊2　鬚徳利のドイツ語：Bartmannkrug。Bartmannskrug は『ブロックハウス百科事典』の項目名。Bartmann（鬚男）と略して呼ぶこともある。

　鬚徳利の英語：Bearded-man jug。

　＊3　Steinzeug。英語では、stoneware。

　＊4　30年（1618～48）戦争は、ドイツで新旧キリスト教の対立から勃発した。そこにハプスブルクとブルボン両家の対立、新旧教徒の対立が重なり、諸外国が介入し、複雑化、長期化した。

　＊5　ここは前田正明の著書に従ったが、『世界やきもの史』（美術出版社 1999）には、ドワイトは、1671年、国王チャールズ2世にケルン陶器製作の請願書を出し、フルハム（フラム？）に工房を開き、ドイツから陶工を招いてバルトマンクルークなどの炻器を

5．鬚徳利

製作した、と記されている。

　＊6　Roberto Francesco Romolo Bellarmino（1542〜1621）。イギリスなど英語では、Bellarmine と綴って表記、発音する。日本語の仮名表記は、ベラルミン、ベラルミーン、ベラーミン、などさまざまである。

　＊7　Duque de Alba, Fernando Alvarez de Toledo（1507〜82）。

　＊8　Celt（英）、Celte（仏）、Kelte（独）；ギリシャ語のケルトの呼称 Κελτοι、あるいはラテン語の Celtae が語源とされる。英語では、Kelt とも綴る。

信頼性はさておき、ローマの詩人ウェルギリウス（紀元前70〜19)がケルト人の容姿を記した『アエネイス』第8巻を引用する。「髪は金髪、衣服は金色。明るい色の縞模様がセイヨン［マント］を華やかに彩る。乳のように白い首に黄金の首飾り、両手には、アルプスの大投げ槍の刃が光る。彼らの盾は背丈を覆うほど高い」（エリュエール著『ケルト人』所収）。

　＊9　時代区分には異説がある。クルータ著『ケルト人』がそのあたりに詳しい。

ハルシュタット期は「第一鉄器時代」、ラ・テーヌ期は「第二鉄器時代」とも呼ばれている。この間の変化は、ギリシャやエトルリアとの接触による影響が大きい、とされる。紀元前5世紀ころが、その移行期に当たる。

　＊10　一例に、紀元前1世紀の歴史家シチリアのディオドロスの『歴史文庫』第5巻から引用する。「ケルト人は敵が倒れると首を切り、自分の馬の首に結びつける。それから血まみれの遺体を従僕たちに渡すと、神々を称えて勝利の歌を歌いながらこうした戦利品を運んでいく。それから戦利品の初物を自分の家に釘で打ちつける。狩りで猛獣を射止めてきたかのようである。首が敵の高名な戦士のときには、杉の樹脂にひたし、箱に入れて大切に保管しておき、よそ者たちに見せる」（エリュエール著『ケルト人』所収）。

　＊11　ロマネスクとは、ゴシック様式以前、10世紀後半から12世紀中葉にかけて教会建築に見られるローマ、ビザンチンなどの影響をうけた様式。

参考資料

北原白秋『白秋詩抄』(岩波文庫 1933)
前田正明『西洋やきものの世界』(平凡社 1999)
E. クーパー 南雲龍比古訳『世界の陶芸史』(日貿出版社 1997)
大平雅巳『西洋陶磁入門』(岩波新書 2008)
藤本義一『洋酒伝来』(東京書房 1968)
ゲルハルト・ヘルム 関楠生訳『ケルト人』(河出書房新社 1992)
クリスチアーヌ・エリュエール 鶴岡真弓監修『ケルト人』(創元社 1994)
ヴァンセスラス・クルータ 鶴岡真弓訳『ケルト人』(文庫クセジュ 1991)
カエサル 國原吉之助訳『ガリア戦記』(講談社学術文庫 1994)
梅田修『地名で読むヨーロッパ』(講談社現代新書 2002)
『スタジオ・ボイス』(Vol.240 1995 DECEMBER)
フランク・ディレイニー 森野聡子訳『ケルト 生きている神話』(創元社 1993)
鶴岡真弓『ケルト／装飾的思考』(ちくま学芸文庫 1993)
A. P. フィッツパトリック 五十嵐洋子訳『ドルイド僧』(主婦と生活社 1998)
大平雅巳『西洋陶磁入門』(岩波新書 2008)
島岡達三『陶芸』(日本放送出版協会 1998)

6. 鏡像と懸仏

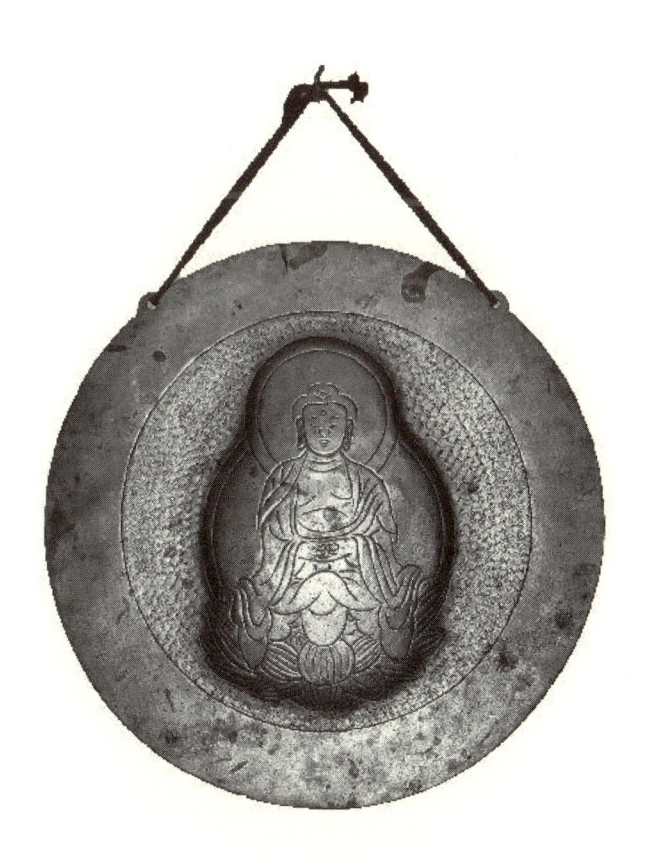

かつて国宝の寺院を見たいと思って、奈良の霊山寺と長弓寺を訪れたことがあった。どちらのお寺も、13世紀後期に建てられた本堂を、そのままの姿で今日に伝えている。いずれも、天台宗や真言宗といった密教の寺院が、中世に各地で建てた本堂建築の典型であり、貴重な文化遺産であることから、国宝に指定されている。

　双方のお寺とも本堂に入ると、内陣と外陣をしきる結界となっている透格子の中央上部に、大きな円形の懸仏がかかっていた。古式を伝える本堂を荘厳するのにふさわしい仏具、と強く印象に残った。「懸仏」という名称をはじめて教わったのは、そのときであった。

　懸仏は、神仏習合を表現したもので、元来は、神社にかかげられていた、と知ったのは後日のことである。しかし、これは半可通の知識にすぎなかった。懸仏の世界に踏みこんでみると、次つぎに矛盾や疑問にぶつかった。そこには、未知の奥深い宗教思想の世界がひろがっていた。

　懸仏をご存じだろうか。鏡のように円い鏡板に、仏像が浮彫、あるいは貼付されていて、壁や柱にかけるための吊具が鏡板の両肩についているのが、懸仏の一般的な形状だ。仏像を中央においた鏡板は、神社の御神体とされてきた円鏡とされている。多くは銅製だが、木製、鉄製などの懸仏もある。

　それにしても、仏像が、なぜ神社にあるべきものなのか。そして、なぜ、それがお寺にあったのか。この疑問は、おいおい解いていくとして、まず、懸仏に関係のあるいくつかの

6．鏡像と懸仏

言葉を整理しておこう。

懸仏の前駆となったのは、唐鏡であれ和鏡であれ、鏡そのものに仏像の形を線彫で描いた「鏡像」であった。ほんものの鏡を使ったのだから、円鏡ばかりでなく、八花鏡や八稜鏡の鏡面に仏像を線刻した鏡像もある。神道の御神体とされていた鏡に、直接、仏教ゆかりの像を、線で彫って描いたのだ。

懸仏は、この鏡像から発展して、立体像に姿をかえて生まれてきた。銅製の懸仏というと、金銅造と思われがちだが、初期の懸仏には、鏡のように光をよく反射する白銅製、あるいは鍍銀、鍍錫をほどこしたものがあった。これも、鏡像から懸仏への移行を示す証拠といえる。＊1

意外なことに、鏡像・懸仏という言葉が使われはじめたのは、明治の廃仏毀釈によって、その多くが失われたころだった。だから、古い書物には、こんな言葉は出てこない。鏡像や懸仏が、近代になって使われだした新しい名称だということに、まず、びっくりした。

では、それまで、どう呼んでいたのだろうか。鏡像も懸仏も区別することなく、「御正体」と総称していた。漢字では「御正躰」、読みを「みしょうだい」「おしょうたい」「おしょうだい」としている書もある。ただ、神社に本来あった御神体のことを御正体という場合もあるので、混乱しないように注意しなければならない。

ここで「御正体」という言葉が登場する古い資料を、一つ例にあげてみよう。御正体をまのあたりにした後白河院が、

『梁塵秘抄』口伝集巻第一に記している一節だ。1162（応保2）年2月、院が熊野三山に参籠、つまりおこもりしたおり、新宮を訪れた夜の出来事である。

「様やうの捧幣など鎮まりて、夜中ばかり過ぬらむかしと覚えしに、宝殿の方を見遣れば、僅かの火の光に、御正体の鏡、所々輝きて見ゆ。あはれに心澄みて、涙も止まらず」。

神前に幣を捧げるお参りの人影もなくなった深夜、神殿のここかしこにかかる御正体の鏡面に灯火が反射して、ちらちら輝いて見える。心が洗われるようで、感きわまって涙があふれてきた……といった心境が語られている。

この御正体は、新宮の御神体ではない。御神体なら、本殿内に納められており、「所々」にあるはずがない。また引用したすぐ前の文章に「通夜千手経を誦み奉る」と、院が神仏習合を身をもってあらわすように、神前読経をしていたことが記されている。こうしたことからみて、文中にある御正体は、明らかに鏡像か懸仏とみられる。

閑話休題。御正体は、難波田 徹の言葉をかりると、次のような意味をもつものだった。この考えかたは、現在の通説でもある。

「今日、鏡像・懸仏は、平安時代の天台法華の教理によってうちたてられた神仏習合、すなわち日本の固有の神々は皆、衆生を済度する迹の姿であり、本体はインドの諸仏・諸菩薩であるとする思想によって作られたと考えられている」。

仏が人びとを救済するために、この世に神の姿を借りてあらわれた、とする本地垂迹説にもとづいて作られた、という

6．鏡像と懸仏

のである。いいかえると、各神社が祀っている祭神には、それぞれ対応する本地仏があって、各神社はその仏を御正体とした、ということだ。懸仏は神社にあるべきもの、といったのは、このような通説があったからだ。[*2]

　まず、御正体のもととなった鏡のことから、調べはじめよう。鏡は、多くの神社で御神体とされてきた。では、なぜ、神道で鏡が重視されてきたのだろうか。

　津田左右吉は、神道の語義の第一に「古くから傳へられて來た日本の民族的風習としての宗教（呪術をも含めていふ）的信仰」と記し、上代の信仰における「カミ」は、大いなる力、光明をもたらす太陽だった、と述べている。太陽の光を映して自ら光っているように輝く鏡は、太陽の象徴だった。鏡が神性をもつ起源は、ここにあった。したがって、神鏡は本来、円形でなければならない。ここまでは、宗教の自然発生的なはじまりで、とてもわかりやすい。ただ日本では、その後、鏡に特異な権威が付与されていった。

　権威の始原は、古事記や日本書紀の神話にでてくる天照大神(あまてらすおおみかみ)にあった。天照大神は、太陽神と皇祖神、という二元性をもって神話に登場してくる。後世、この女神は伊勢神宮の祭神となって、神道においておおいなる権威をまとってゆく。

　そのはじまりの過程をたどってみよう。最初に、鏡は、太陽神である天照大神の身代わりを意味する「形代(かたしろ)」とされた。次に、皇祖神としての天照は、形代である「八咫鏡(やたのかがみ)」を、孫

115

の瓊瓊杵尊(ににぎのみこと)が地上に降臨するときに、「三種の寶物(みくさたから)」の一つとして与える。ここから、天照が渡した鏡など三種の宝物が皇位の象徴となってゆく。これが、三種の神器の起源神話であり、鏡が権威づけられていった発端になる。＊3

　三種の神器について、史書には、どのように書かれているか。『日本書紀』に載っている天皇即位の記事に神器があらわれるのは、継体、宣化、持統の３帝の即位のときだけで、しかも、そこには鏡と剣の２種しか登場しない。また、三種の神器には、行方不明、新造……など、いろいろ曲折のあったことが、『古語拾遺』のほか、諸書に記されている。ようするに、三種の神器が皇位継承に必須の品だった、ということを証明する記述は、古い史料にはないといってよい。

　本筋には直接関係ない話だが、もう少し続ける。三種の神器が神話を離れて、現実に皇位にかかわる機能をはたすのは中世以降のことになる。それを支持するように、天皇制捧持の思想をかかげた北畠親房は、1343（興国４）年修訂の『神皇正統記(じんのうしょうとうき)』に「神勅(しんちょく)ヲウケテ皇孫ヲタスケマボリ給」「三種ノ神器世ニ傳(つた)フルコト、日月星ノ天(あめ)ニアルニヲナジ。鏡ハ日ノ體(たい)ナリ。玉ハ月ノ精(せい)也。劍ハ星ノ氣(も)也(たまふ)」と記すことにより、その権威をあらためて確認し、世に告知したのである。

　土俗的発想から御神体として各地の神社に奉じられてきた鏡は、これまで述べたようないきさつから、八咫鏡の威光をとりこむことで、王権への帰属のしるしとなっていった。神道自体も、こうして古俗を離れ、変貌していったのである。

　話を鏡像にもどそう。鏡像の歴史を、もう一度たどりなお

6．鏡像と懸仏

すことにする。鏡像は、日本で平安時代から作られてきた。製作年（紀年銘）が刻まれた最古の遺品とみとめられているのは、988（永延 2）年の線刻阿弥陀五尊鏡像［広島・中村隆燈蔵］である。先に書いたように、鏡像は本地垂迹説に由来し、日本で発祥した、と考えられてきた。ところが、この通説をまっこうから否定するかのように、これより古い中国製の鏡像が、発見された。　[*4]

その鏡像が発見されたのは、1954（昭和 29）年、京都の清涼寺（せいりょうじ）本尊の釈迦如来立像が修理されたときのことだった。木像背面にあった長方形の板をはずすと、像内に納入品が詰まっていた。そこから、如来像が生きた体であると思わせるような絹製の五臓があらわれ、さらに経巻などとともに線刻水月観音（すいがつかんのん）鏡像が出現した。

本尊の釈迦如来像は、宋に渡った東大寺の奝然（ちょうねん）が発願して中国暦でいう雍熙 2（985）年に台州で作らせ、持ち帰った仏像だった。ただ、中国製の鏡像は、ほかには知られていないので、日本の僧が特別に注文して作らせた例外的なもの、とも考えられる。

中国とはちがって、朝鮮には高麗時代の鏡像がかなり遺っている、という事実がある。だが、それが日本に渡来したという記録、遺品とも、これまで見つかっていない。ともかく宋製鏡像の発見は、御正体研究に問題をつきつけ、衝撃をもたらした。その一方で、研究の新たな展開をうながすことにもなった。

まず、通説とはちがった意味で、密教が御正体の発祥に深

くかかわっていた、とする説があらわれた。この説は、神道との習合とは異なった視点に立っている。

初期の鏡像には、曼荼羅やそれに類するような仏像の集合図を描いたものが、かなり見つかっている。この事実が、密教と鏡像との密接な関係を示唆している、というのだ。13世紀までに作られた曼荼羅様鏡像を調べた結果、それらは、胎蔵界曼荼羅にもとづく仏像群と判明した。これに対して、金剛界曼荼羅に関連するような図像は、鏡像にほとんどみられないこともわかった。

密教と鏡を結ぶ線といっても、どこからどのように探っていけばよいのだろうか。とりあえず、鏡像の図像とかかわりがある胎蔵界について書かれた『大日経』を開いてみる。そこに、月輪に仏を観想せよ、と説かれていた。これが密教と鏡をつなぐ鍵をにぎっているようだ。月輪とは何か？

月輪とは、仏や僧の心中にあるとされる円明のことである——といわれても、なんのことやら、いっていることが観念的でわからない。

月輪に、もっと具象的なイメージを求めてさまよっていると、わかりやすい説明に出あい、少しずつほぐれてきた。月輪は、鏡や水に映った月、に例えられる。さらに視覚化したものは、曼荼羅に描かれた仏像を包み囲む円で、これにはずばり、月輪という名称が与えられている。曼荼羅のなかの円い月輪におさまった仏さまの図像をみると、まさに御正体の構図そのものだ。[*5]

密教諸教典には、仏を観想する、つまり仏を想起する場である月輪を鏡と同一視する表現が少なくない。また、天台宗

6. 鏡像と懸仏

における修行の要諦を説く『摩訶止観』に、「譬如明鏡」という言葉が出てくる。明鏡という言葉は、密教でよく使われるが、澄みきってくもりのない鏡に例えるときに、用いられる。例えられる対象は、修行中の心であったり、仏性であったり、情況に応じてさまざまである。

空海がよく使った「大円鏡智」という言葉も、おりにふれ、耳にすることがある。大円鏡智というのは、悟りをひらくことで得られる智恵の一つで、大きなくもりのない鏡がすべての現象を映すように、あまねく知り、照らす仏の智恵をさしている。このほかにも、鏡は、仏教の重要な概念のなかに、しばしばあらわれてくる。

そういえば、物としての鏡自体も、寺院でよくみかける。荘厳具としてお寺のなかに飾られることが多いし、また、堂塔を建設するときに、地下に埋める鎮壇具としてもしばしば用いられる。

ここまでくると、密教と鏡が、浅からぬ因縁の糸で結ばれていることが、少し見えてきた。では、鏡から鏡像にいたるまで、どのような道すじをたどっていったのだろうか。

諸書を渉猟していたら、仏教においてもっと直接に、鏡から鏡像を思いつく過程を暗示する文章にぶつかった。『織田佛教大辭典』の「カガミ」の項にあった一節だ。

『資持記』下二之三を引用して「坐禪之處 多懸 _明鏡_ 以助 _心行_ 」と記されていた。坐禅の場では、多くのところで鏡をかけて、心の修行の助けとする、というのだ。修行僧が仏を心中に想起しようと半眼で見つめる鏡、やがて鏡に浮

119

かぶ仏……そこから鏡面に仏を線で刻む発想までは、もはやそれほど隔たりはない。鏡面に仏像を線刻する着想は、このようにして生まれてきたのではないか。

こうみてくると、本地垂迹起源説を通説といったが、密教起源説も、なかなかあなどりがたい。さて、いずれが正しいか、謎が深まった。

ただ、二者は対立しているばかりではない。神道では日、仏教では月、と対照的だが、鏡を象徴としてきたことは、神仏に共通している。さらに、そこを基点として、鏡が、それぞれの信仰の核心にふれる理念に深くかかわっていったことも、神仏共通する現象だった。

謎にいどむ前に、異説というか、少数意見をみておこう。ただしこれらは、私がたまたま目にしたもので、その妥当性を判断する能力は、もちあわせていない。とはいえ、なにかしら示唆するものを感じた。

まず、保坂三郎は、鏡像日本起源説に異を唱える。京都、醍醐寺の線刻如意輪観音等鏡像（八花鏡）をとりあげ、その線刻が、技術の違いだけでは片づけられない精緻さをもつことを根拠に、これを唐代末の中国製、と推定した。だが「この様な鏡像の彼の地にあることを私は知らないが……」と、断定しきれない不安ものぞかせている。

保坂は、上記論文を載せた『國華』の続編、第71編第4冊に「鏡像考」を書き、この醍醐寺の鏡像と、新発見された宋渡来の水月観音鏡像を比較している。そこで、様式技法が「あらゆる點で對比的である。しかしながらこの両者は一見

6．鏡像と懸仏

してシナ的なものの両極の相として首肯されるものである」と、やや苦しい弁明をしつつも、中国起源説は譲らない。

また、前述の在銘鏡像である阿弥陀五尊鏡像が、日本最古の本地垂迹説にもとづく本地仏、というのが多数意見だが、これに疑問を抱く一人である中島 博は、三仏寺［鳥取］の線刻中台八葉院鏡像こそが、本地垂迹説をうけて製作された最早期の例、と主張する。

これは、唐鏡に大日如来を八仏が取り囲む曼荼羅様の図像を線刻した鏡像で、長徳三（997）年銘があり、日本で製作されたのは確実だ。神仏習合由来とする理由に、本来の曼荼羅から逸脱していて、仏教の教理では説明がつかないこと、などをあげている。しかし、この鏡像の図像様式からみて、密教との関連を否定しきることは難しい。

中島が、確実に本地垂迹説にもとづく鏡像、と推すのは、西新井大師総持寺［東京］の蔵王権現鏡像だ。権現自体、仏が権(かり)に現れた、という意味で、本地垂迹説由来に疑問をはさむ余地はない。鏡は模造鏡で大破しているが、三つ葉の形をしている。この鏡像には長保三（1001）年の紀年銘があり、裏面に梵字で曼荼羅の諸仏が刻まれている。この裏面の刻文(こくもん)には、密教の影が濃くただよう。したがってこの鏡像は、神仏習合と密教がともにかかわっていることを示唆している。

また、この形状にも興味をひかれる。御正体には、円形以外に、扇面形や方形など異形があることは、すでに指摘されていた。これは、鏡という制約を脱して思うままに鏡像を製作したい、という意志のあらわれだろう。この観点からみると、三つ葉型鏡像は、懸仏で一般化する模造鏡が生まれてく

る前兆、とみることができるかもしれない。

　いずれにしろ、仏像を線刻する形式がととのった鏡像が作られるようになるのは、9〜10世紀以降のことだ。その製作は、鎌倉時代の後までつづく。はじまりは不確定だが、製作時期については、おおむねこのあたりということは、研究者の共通認識となっている。

　これまでみてきたことを総括すると、鏡像は、仏教、ことに密教にちなむものと神仏習合の表現という二つの源流をもつこと、また両者の間には何らかのつながりがあること、この2点はまちがいあるまい。

　このように考えれば、密教起源説と神仏習合説の対立は解消され、謎がほぼ解けたことにもなる。時の流れにそっていえば、鏡像は密教に水源があって、折からさかんになってきた神仏習合説が合流してきた、とみるのが、もっとも矛盾のない見かたではないだろうか。

　西新井大師の鏡像は、もともと仏が蔵王権現に姿をかえてあらわれた金峯山にあった、といわれている。金峯山は、桜の吉野山を睥睨し、さらに南は世界遺産の熊野につらなる。ここで蔵王権現を感得したのは、密教に深い縁をもつ修験道開祖の役小角とされる。その縁から、金峯山寺、金峯神社が創建される。まさに、神仏習合が表出した地だ。

　鏡像から懸仏へと移りかわってゆくうえで、この場所と出来事が、重要な機縁となった、と私には思えてならない。そこで次に、懸仏がどのように生まれ、どのような意味をもっ

6．鏡像と懸仏

ていたか、蔵王権現からはじめてゆくことにしよう。

　余談・その４。鏡にまつわる話題(テーマ)を、博識と才知に満ちた文章で綴る多田智満子の『鏡のテオーリア』は、万華鏡をのぞくような魅惑に満ちている。鏡像へ、さらに懸仏へ、変容していった信仰の形の原点にある鏡にひそむ魔力、魅力を凝縮して表現した序から、引用してみる。

　「鏡が古今の人間の心に、どのような方向への視野を開き、どのような禍福を招来したか、どのような光と迷宮とをもたらしたか……」「鏡はすべてを容れる。森羅万象を映し、森羅万象を映す心を映す。鏡をめぐるトポスは無際限であり、鏡の観照(テオーリア)には終りがない」。

◇

　鈍い銀色を呈する鏡板の上で、怒髪天を突く異形の金色(こんじき)像が片脚をあげて勇躍する──京都国立博物館所蔵の「蔵王権現像懸仏」（径 24.5cm）の様相である。権現像は、背にした鳥居とともに銅板を打ち出して浮彫にし、鍍金をほどこしてある。その像が渡銀した銅板に鋲(びょう)どめされている。平安時代後期の作というから、懸仏としては古いものだ。来歴不詳だが、興味をそそる謎をひめている。

　鏡像から懸仏への変化には、二つの特徴がみられる。第１の特徴は、形状や技法にあらわれた。鏡、のちには模造鏡の上に表現される仏像が、平面的な線画から立体的な彫像に変わったこと。第２に、懸仏の多くが、神の本地仏を表してい

123

ることだ。鏡像には、本地垂迹説とは関係なく、寺院にかかげるための曼荼羅、あるいはそれに類した仏像群が彫られたものがあった。ところが懸仏になると、祭神を垂迹神とみなし、その本地仏を神社におくことが目的となっている。

　平安時代前期に製作がはじまった鏡像から、懸仏が生まれてきたのは、平安後期といわれている。このころ、本地垂迹説をうけいれる意識変革が進んだことを反映している。では鳥居を背にした蔵王権現は、神なのか、仏なのか？

　あらゆる変化の過程には、古い様式と新しい様式、古い思想と新しい思想が、交錯し、混在する過渡期というべき期間がある。これは、鏡像と懸仏の場合にあっても、かわりはない。その移行過程に登場したのが、蔵王権現だった。蔵王権現を最初に観たのは、役小角とされている。役小角とは、何者か？

　のちに役行者（えんのぎょうじゃ）とか役優婆塞（えんのうばそく）が通り名となる小角は、奇譚につつまれ、生没年も不詳、実在すらあやしまれる人物だ。小角のことを記載した公的史料は『続日本紀（しょくにほんぎ）』がただ一書、その文武天皇3（699）年5月24日の条にしか登場しない。直木孝次郎ほかによる現代訳を引用しよう。

　「役君小角（えのきみおづぬ）を伊豆嶋に配流した。はじめ小角は葛木山（かずらきやま）[大和の葛城山]に住み、呪術をよく使うので有名であった。外従五位下の韓国連広足（からくにのむらじひろたり）は小角を師として仰いでいたが、のちに能力を害せられたので、妖術で人を惑わしていると讒言（ざんげん）した。そのために小角は遠隔の地に配流されたのである。世間ではのちまでつぎのように伝えた。『小角は鬼神を使役して、

6. 鏡像と懸仏

水を汲ませたり薪を採らせたりすることができ、もし鬼神が言うことをきかなかったら、呪術で自由を束縛した』と」。

ここに書かれた文章を読んだだけでも、じゅうぶんに妖しい。ところが、平安時代に景戒が著した『日本霊異記』をはじめ、それ以後の書にあらわれる小角は、さらに幻術をあやつる荒唐無稽な人物になってゆく。劇画を見るようなおもしろさだが、ここでは省略する。

この役小角を開祖とするのが、修験道である。山岳信仰である修験道は、神道と仏教が混淆した宗教だ。加えて、道教から神仙思想を取りこんでいる。ここにいう神仏混淆とは、どんな意味なのだろうか。

仏教では、ことに密教の影響が大きい。密教の修行の場は山であり、呪法を重んじる。どちらも修験道の根幹となる教義に重なっている。一方、仏教伝来以前の古神道では、山そのものが、信仰の対象だった。最古の神社とされる大神神社［桜井市］が、三輪山を御神体とし、普通は御神体がおかれる本殿をもたないことに、神道の原型がみられる。

柳田国男の説は、ややちがっている。『山宮考』で「山を霊魂の憩い処」とみて、山にあった山宮を神社の原点とし、本来、社や祠もない自然の山を祖霊神の座とした。このような古俗が自然信仰より古い、と論じたのである。いずれにしろ、山は神道においても聖地だった。[*6]

山を重くみる神仏両思想を背景とする山岳信仰を信奉する役小角が、金峯山で祈っていたおり、蔵王権現を感得したのである。

125

その姿は、一面三目二臂、左手は低く剣印を結び、法具の金剛杵をもった右手を高くかざす、青黒い忿怒形——密教で金剛蔵王という仏法の守護神の姿そのものだ。だが、金剛蔵王があらわれた、といっていないのが肝腎なところだ。あくまで、本地である金剛蔵王が垂迹して、蔵王権現の姿をとって小角の前にあらわれた、としている。さもなければ、小角が見た姿に「蔵王権現」という新しい呼び名を与える必要はなかった。また、その像を安置した蔵王堂を中心にして、金峯山寺が修験道の一大拠点となっていったはずがない。

　本地と垂迹が同一体に表される？　それでは、これまで考えてきた本地垂迹説といささか話がちがうではないか。ところがこれは、本地垂迹の本来のありようから、それほど離れたことではないのだ。それは、どういうことなのか。

　本地垂迹思想の発祥を仏典に求めてゆくと、『法華経』にたどりつく。法華経は天台宗をひらく理念となり、真言宗でも重んじられてきた経典だ。また、鎌倉時代に新仏教が生まれてくるよりどころにもなった。仏教の根本経典の一つである。

　ただ、法華経に「本地垂迹」の語が、そのまま出てくるわけではない。その後半冒頭の如来寿量品で、悟りに達した覚者を意味する仏陀が「われは実に成仏してより已来、無量無辺百千万億那由他劫なり」と語る。

　那由他はきわめて大きい数字、劫は長〜い時間をさす仏教の言葉だ。やさしくいえば、仏陀が悟りをひらいてから、すでに無限に長い歳月が過ぎた、というのだ。そして法華経前半は、その仏陀の衆生済度の志をうけてこの世にあらわれた

6. 鏡像と懸仏

釈迦が、民衆に仏の教えを説く、という形になっている。この論法が、本地垂迹という考えの淵源なのだ。

無限の過去から存在した仏陀＝本地が、釈迦＝垂迹の姿をかりて仏教をひろめるために、この世に出現した……という思想が、法華経の根底にあったのである。本地垂迹というのは、この法華経がもっている基本構造を、敷衍し、一般化した思想だった。

この本地垂迹思想が、日本で神道と仏教が習合してゆく流れのなかで、仏から神へという独特のベクトルをもった本地垂迹説に変容していった。この思想の転移は、法華経との関連もあって、本地垂迹思想をよく知る密教が主導する形で、進められていったのである。

このように変容した本地垂迹説が浸透しようとしていた時期に、蔵王権現が顕現した。小角伝説は、本地垂迹説を知らなくても目で見てわかるように、本地仏と垂迹神を金剛蔵王と同じ像にしたことで、観念的で理解しにくかった日本的本地垂迹説がわかりやすくなった。そのおかげで、世の中にひろく受容されていった。私は、そう考えている。

法華経に、本地垂迹思想がどのように表されていたか、思い返してみよう。同一視されがちな仏陀と釈迦を、本地－垂迹関係において説法する構造をとっていた。小角の方法は、これと同じ構造をもっていたのである。

「権現」という言葉を調べていると、戦前に出た平凡社版を復刻した『神道大辞典』に、「権現」という項目があった。「元来の意義は、佛教に於て佛又は菩薩が衆生濟度の方便

として、和光同塵、權（かり）に種々の身形を現ずることをいふのであるが、特に我が國に於ては本地垂跡の説によつて、この權現の思想を我が國在來の諸神に結び付け、特殊の神號（しんごう）としての發達を見たのである。奈良朝に於て、我が國の神祇（じんぎ）は佛に歸依せらるるとの信仰を生じ、その主張の下に、菩薩の稱號（しょうごう）を諸神に適用する事が行はれ、宇佐八幡、筥崎八幡等に菩薩號を附したのであつた。然るに平安朝中期以降の時代に於て神は佛の權りに化現（けげん）したものであるとの理由によつて權現の稱號が用ひられるようになつた」。*7

さすがに史実を尊重した堅実な辞典だ。役小角は、まったく出てこない。だが、小角伝説が虚構だったとしても、蔵王権現は、平安時代初期にはすでによく知られており、中期以降の神号の流布に先んじて、周知の存在だったことはたしかだ。時の流れからいって、権現という呼び名が仏号から神号に移りゆく橋渡しをしたのは、蔵王権現の出現だったということが、紙背から浮かびあがってこないだろうか。

権現というと、金比羅（こんぴら）さんこと金毘羅（こんぴら）権現が、頭にうかぶ。金比羅さんの本家本元、金刀比羅宮（ことひらぐう）［香川県琴平町］は、明治の神仏分離までは、金毘羅大権現と呼ばれ、仏僧と神官がともに仕える寺社いずれともつかない存在だった。金毘羅はもとをたどればインド民俗信仰の宮毘羅（くびら）という鰐（わに）の化神が仏法の守護神になったもので、仏教由来の神さまだ。

日本では、宮毘羅の縁で水の神、竜神とされ、水難・火難よけの神として、漁師などにあつく信仰され、各地に勧請（かんじょう）されて全国にひろがっていった。現祭神は、大物主神（おおものぬしのかみ）。この神に結びつけられたのは、蛇身で水にかかわり深いため、とい

6. 鏡像と懸仏

われている。

　金比羅さんでおもしろいのは、10月10日に例大祭があることだ。10月といえば神無月、日本中の神々が出雲に集まって神社が留守になる月だが、金比羅さんは祭りがあるので、出雲へ行かない。これは、神道の神にあるまじき態度でないか！　この金比羅権現は、はて、神なのか仏なのか。蔵王権現と一脈通じる権現さまなのである。

　このような権現には、箱根権現、熊野権現……と類例が多い。それぞれ縁起をひもとけば、密教や修験道との深いつながりがみえてくる。

　道草を食ってしまった。本題にもどろう。蔵王権現にこだわってきたのは、懸仏の第2の特徴であった本地垂迹説との思想的なつながりからだけではない。もっと具体的事実にもとづいている。それは、金峯山からおびただしい数の御正体が出土しているという事実である。

　金峰山の発掘品は、数が多いばかりでなく、鏡像と懸仏のさまざまな様式をあまねく包含しているところに価値がある。このように内容豊かな遺品群は、蔵王権現の聖地のほかにはない。

　かなりの数の金峯山遺物を所蔵していたのが、不空庵文庫［小田原市；現況不明］だった。同文庫所蔵の御正体には完品が少なく、破損品や残欠が多かったとはいえ、その数200点近くにのぼる。出土品には、蔵王権現の鏡像や懸仏が多いのは当然だが、それ以外の仏像を表した懸仏も少なくなかった。かつて不空庵の所蔵品を調査した松田　光の報告

129

から、要点を抜きだしてみよう。＊8

　まず、金峯山出土の御正体は「総て十一世紀から十二世紀の平安時代のもので、その当時のほぼあらゆる技法が網羅されている」。様式の変遷は「本物の鏡から模製鏡へ、白銅から赤銅そして金銅製へ、鋳造から鍛造への鏡板の省略化と、尊像の線刻から槌出しの圧出し、さらに別造の貼付そして半肉彫像貼付への立体化を示している」。

　以上の文は、鏡像から懸仏へ、第１の特徴があらわれる時期と変化の過程を、過不足なく要約したものになっている。

　金峯山が懸仏発祥の地、と断定するのは勇み足だ。とはいえ、多数の懸仏が製作、奉納された金峯山が、各地の神社に懸仏がかかげられるようになるのを促進したことは、まちがいあるまい。さらに、金峯山の修験者が、懸仏という新しい御神体を各地に伝えてゆくうえで、一役買ったことも否定しがたい。

　さらに、遠近、方々からきていた参詣者が、里にもどって口にした噂も、懸仏の普及に寄与したと思われる。金峯山がいかににぎにぎしく信仰されていたか、当時はやった今様という歌謡からよくわかる。平安末期に、今様を愛好した後白河院が集め選んだ『梁塵秘抄』263番——

　　金の御嶽は一天下、金剛蔵王 釈迦 弥勒、
　　　稲荷も八幡も木島も、人の参らぬ時ぞ無き

　ここに御嶽とあるのが、金峯山であり、木島とは太秦広隆寺の鎮守社のことだ。この今様は、金峯山には、神仏なんで

6．鏡像と懸仏

もそろっていて、信仰を超えた一つの世界をつくりだしている、だから参詣人が引きも切らずに訪れる、とうたっている。

　参詣者たちを通じて、金峯山自体が、いろんな情報の発信源となっていたことは、にぎわいぶりからみて明らかだ。そこでみた懸仏も、さまざまな情報の一部となって、伝えられていったことだろう。

　このあたりで金峯山を離れ、全国に視野をひろげて懸仏をみわたしてみよう。懸仏は、当初、修験者や密教僧、神社とともにあった神宮寺の社僧、身分のある篤信者が、神社に奉納した。平安時代の懸仏には、銘文のあるものがほとんど見つかっていないので、その事情は推測するしかない。鎌倉時代以降になると、紀年、奉納の趣旨、奉納者や製作者の名などを記した懸仏が、数多くあらわれる。

　私がみた資料から、銘文があるものにしぼって、平安時代の貴重な懸仏など、いくつか例をあげてみよう。これらの懸仏は、新しい様式の画期、基準となるような重要な遺品でもある。

・地蔵菩薩懸仏（径 20.9cm）［島根県 宮嶋神社蔵］：銘「保元元（1156）年丙子十二月日」。鋳銅の鏡板に、銅板を槌で打ち出した坐像を鋲どめし、鏡板には線刻で手相や蓮弁が描かれている。背面の中央上部に紐を通す鈕が1個付いている。その下に銘文が陽鋳されている。図録「特別展 神仏習合」の解説は「現存最古の紀年銘を有する懸仏であり、鏡像から懸仏への過渡的特色を示す点で大きな意義を持つ」と記して

いる。たしかに、像の顔の目鼻立ちはよくわかるが、身体部の凹凸は浅く、衣のひだなどを線彫で表すなど、立体像は、素朴な段階にある。1714年に安来近くで発掘され、宮嶋神社に祀られた、との伝承をもつ。

・十一面観音三尊像懸仏（径31.0cm）［個人蔵］：銘「文永元（1264）年歳次甲子十二月十七日卯丁／遷宮／建長四（1252）年壬子歳十月十日」。覆輪をめぐらせた両肩に立派な吊り具である鐶座を付け、銅製鏡板に、部分的に別鋳した金銅造の中尊十一面観音、脇侍の不動、毘沙門の三尊坐像を、ほぞで留める。上部に天蓋、中尊に蓮台、下部に一対の華瓶などが、三尊像を装飾している。銘文の建長が製作、文永が奉納の年。図録「特別展 懸仏の世界」は、華瓶の飾りを備えた懸仏の最古例、丸彫に近い表現、分鋳法を用いたごく早い時期の作、として注目している。

・虚空蔵菩薩像懸仏（径60.4cm）［岐阜県 新宮神社蔵］：銘「奉鋳顕／高賀山権現御正体虚空蔵菩薩／形像一体金銅鏡面／正嘉元（1257）年丁巳十二月十四日／大勧進聖人慶西」。別製の金銅造坐像を鐶座付覆輪に囲まれた鍍銀鏡板に貼付、天蓋、繊細な透かし彫の光背、蓮弁を1枚ずつ貼った蓮台、華瓶対が配され、精緻でみごとな懸仏だ。難波田は、慶西記銘の懸仏は他に2面ある、という。「特別展 神仏習合」は、彫像と華瓶（図録では水瓶）が本格的な丸彫を特徴にあげ、13世紀中期の懸仏の基準作としている。虚空蔵菩薩は、新宮神社の本地仏。

・千手観音像懸仏（径37.0cm）［個人蔵］：銘「奉懸／西御前御正体／右奉為当所安穏仏法繁昌所／奉懸之状如件／弘安

6．鏡像と懸仏

五（1282）年十一月五日　大法師憲海」。木板に薄い銅板を貼った鏡板に、蓮台と坐像を共鋳、鍍金して貼付。光背、天蓋、華瓶などで装飾している。各部の作りは精巧で、完成度が高い。銘文は、背面の板に墨書されていた。もと京都の熊野若王子神社にあった。千手観音は熊野那智神社の本地仏。

　平安時代と鎌倉時代の懸仏を比べると、技術と意匠に著しい進歩がみとめられる。鎌倉時代後期には、仏像、装飾ともに多彩で精緻になり、技術が最高水準に達した。ところが、南北朝時代から室町時代になると、優れた大型の懸仏がひきつづき作られる一方、槌で打ち出した素朴な懸仏が再びあらわれてきて、径が十数センチの小型で粗雑なものが多くなってくる。本地仏の尊名もわからない懸仏さえある。とくに数十点まとまって懸仏が遺る神社に、小さい粗製の懸仏が多い。これは、何を意味しているのか？[*9]
　このあと、懸仏にともなう新たな疑問からはじめて、霊山寺でみたように、なぜ、寺院に懸仏があるのか、という疑問にいたるまで、逐次、諸書から調べていくことにする。

◇

　鎌倉時代以降、懸仏が全国規模のひろがりをみせると、各地で作られる技法も多様化する。それはまず、懸仏の素材にあらわれてくる。
　これまでみてきたように、懸仏の圧倒的多数は、銅製だった。だが、木製や鉄製のほか、数はぐっと減るが、石造、土

や焼物の懸仏も遺っている。木造懸仏は、作るのが容易なためか、時代をとわず、広範囲に分布している。しかも、立体化という懸仏の第1の特徴に反して、墨や顔料で仏像を描いただけの板絵懸仏が、少なくない。

　鉄造懸仏は、岩手県にめだって多いのが特徴だ。岩手県に現存するおよそ250面の内4割が、南部鉄器の地元にふさわしい鋳鉄製である。また、7面ほどしかしられていない石造懸仏は、その内の5面が京都府亀岡市に偏在している。このように、懸仏が各地に普及してゆくとともに、地方色も豊かになっていった。

　『図録「特別展 懸仏の世界」』に、多くのことを教えてくれる興味深い数字の一覧が載っている。製作年が明らかな懸仏の数を、時代別に集計した数字である。

　　平安時代［794〜1185年］　　　12面
　　鎌倉時代［1186〜1333年］　　108面
　　南北朝時代［1334〜1392年］　 75面
　　室町時代［1393〜1573年］　　313面
　　桃山時代［1574〜1614年］　　 68面
　　江戸時代［1615〜1867年］　　 53面

　数字は全国の懸仏を対象にしているが、すべてを網羅しているわけではない。それでも、この数字から、時代による推移のおおまかな傾向は把握できる。この増減は、何を物語っているのだろうか？

6．鏡像と懸仏

　鎌倉時代に急増するのは、懸仏が、競うように全国にひろがっていった結果である。この風潮は、製作技術に磨きをかけた。

　これに対して室町時代にいっきょに増えるのは、懸仏奉納が民衆のあいだで大流行したためだ。南北朝から室町時代にかけて、1mもの大きな懸仏に、神官や僧のほか、数人から十数人もの一般奉納者の名をずらりと連ねたものがあらわれる。室町、江戸時代と進むと、奉納者の裾野がさらにひろがって、庶民だけで仲間を募り、懸仏を寄進するようになってゆく。安い手間賃で注文が殺到すれば、粗製濫造を招くのは、やむをえない。

　難波田　徹はその実態を「何千、何万という数の発注が当時にはあったわけで、これを受け入れた側も答えなければならなかったのである」と記している。この状況が、先にあげた数字にあらわれた粗製濫造となり、技術の後退を招いたのであった。

　時代別の数字から浮かんでくる、もう一つの謎は、江戸時代に懸仏が激減することだ。桃山時代は、期間が短いことを考えれば、それほど急減したとはいえない。やはり問題は、江戸時代の数字だ。

　江戸時代といえば、庶民のあいだで絵馬がたいへん人気を呼んだ。この絵馬の流行と関係があるのではないか。懸仏の衰退は、絵馬の流行に圧倒された結果ではないか。

　またまた脇道にそれてしまうが、こんどは絵馬に関心がむかった。

絵馬の由来をたずねると、『神道名目類聚抄』三・祭器「造馬(つくりうま)」の記述「神馬ヲ率奉ル事及バザル者、木ニテ馬ヲ造リ獻(けん)ズ、造リ馬モ及バザルモノ、馬ヲ畫(えがき)テ奉ルナリ、今世俗、馬ニアラデ、種々ノ繪ヲ圖シテ獻上スル事ニナリヌ」に、要約されていた。

神が乗ってやってくるという神馬を神社に奉納した習慣が、だんだん簡易化して、絵馬が生まれてきた、というのだ。これは、通説となっている。柳田国男に異論があるが、注を参照してほしい。*10

本筋からはなれるが、献馬に関する記事をなんども繰り返し載せている『続日本紀』に、興味ひかれる記述があった。そのなかから、3カ所引用してみる。

・763（天平宝字7）年5月28日「……丹生河上神(にう)には黒毛の馬を［幣帛(へいはく)に］加えて奉った。日照りのためである」。
・770（宝亀元）年8月1日「日蝕があった。……幣帛と赤毛の馬二匹を伊勢大神宮に奉納した。……」。
・775（宝亀6）年9月20日「……白馬と幣帛を丹生川上神と畿内の群神に奉らせた。なが雨のためである」。

この記事のどこが興味をひいたのか。第1は、祭祀のときに限らず、異常事象が発生すると、無事おさまるように祈って、馬が奉納されたことだ。ここにある丹生河上神（＝丹生川上神）は、丹生川上神社［奈良県下市町］の祭神のことで、降雨を司る神として名高い。

6．鏡像と懸仏

　第2に、奉納する馬の毛色が、異常現象によって違っていたことだ。日食－赤、長雨－白、旱魃（かんばつ）－黒……この組み合せは、いつの場合も、ほぼ同じだった。この対応は、おそらく誰もが考えつくように、祈願の内容にそくして連想された色だったにちがいない。

　絵馬に願いごとを託すようになる習慣の萌芽は、ここにみられる。

　話をもどす。絵馬が神社に奉納されるようになったのは、平安時代のこととされる。鎌倉、室町時代と進むにつれ、絵馬の奉納は次第にひろがりをみせる。岩井宏美によれば、室町時代末期に「絵馬の転換期」がおとずれた。

　その第1は、神仏習合が進み、こんどは逆に、寺でも絵馬奉納がみられるようになること、第2に、絵柄に馬以外のものが描かれ、絵馬専門の絵師があらわれること。第3、形が小型のものが数多く作られる一方で、大型化が進んだこと、以上3点が大きな変化だった。

　岩井はまた、「しかし、なんといっても盛んになるのは江戸時代なかばからである」とも述べている。

　江戸時代になると、形が大きい立派な絵馬があらわれる。北野神社絵馬堂［1608（慶長13）年建造］、金毘羅大権現絵馬堂［1748（寛延元）年］、成田山新勝寺絵馬堂［1821（文政4）年］など、社寺に付設された絵馬堂に、大型絵馬が展示された。そのようすは、まるで狩野派などの有名画家が腕を競うギャラリーのようだった。

　一方、小型の絵馬の奉納は、民衆のあいだで大流行をみる。

そういえば、巷間の絵馬について書かれた資料があらわれるのは、江戸時代になってからのことだ。

『東都歳時記』「二月初午」の節に「初午の以前　絵馬太鼓商人街に多し」とあり、「十二月　日不定」の節には「此節より煤竹賣ありく、荒神のゑまうりありく」とある。また、『江戸惣鹿子』などの江戸案内記には、専門の絵馬屋が、浅草橋通り筋に多かった、と書かれている。

京都の街でも、同じように絵馬がさかんに作られた。『人倫訓蒙図彙 六』「ゑむま師」の項に、絵馬屋が「寺町二條より三條の間にあり」と記載されている。[*11]

万事こんな調子で、江戸時代の民衆の関心は、もっぱら絵馬に集中した。その勢いにおされて、作るのに手数がかかる懸仏は、かえりみられなくなっていった。

そこへ国家の決定的な一撃がおそい、懸仏にとどめを刺した。明治の廃仏毀釈の嵐である。嵐を呼んだのは、神道を天皇護持の思想的基盤にすえようとする国策だった。

1868（明治元）年3月28日の「太政官達」が、その発端になった。これが、神仏分離を強行した「神仏判然令」といわれるものだ。その廃仏毀釈を命ずる件には「佛像ヲ以神體ト致候神社ハ以來相改可申候事／附　本地抔ト唱ヘ佛像ヲ社前ニ掛或ハ鰐口梵鐘佛具等之類差置候分ハ早々取除キ可申事」と書かれていた。

こうして、鏡像や懸仏は、巡検使の厳しい監視のもとで、神社から一掃された。現存するのは、廃棄のために埋められたところから出た発掘品、巡検使の眼をのがれて隠されたも

6．鏡像と懸仏

の、寺院に移されたものなど、ごく一部にすぎない。鏡像、懸仏の名称は、こうした混乱のなかで、記録をとるためなどに、便宜的に使われるようになったのだ。

　寺院に遺された懸仏の多くは、「山内安穏」「寺中静謐」を祈願して奉納されたり、廃仏毀釈によって神社から引っ越してきた履歴をもつ。しかし、これとは違ったいきさつで、お寺にかかげられてきた懸仏がある。最初に私の眼を奪った霊山寺の懸仏が、その一例だ。

　霊山寺の懸仏は、13年の歳月をかけて1366（貞治5）年にできあがった立派なものである。桧の円板に銅板を貼った径98.7cmの鏡板に、精緻な透かし彫りの光背を背負った薬師如来と脇侍の鋳銅三尊の像が、ほぞ留めされている。その背面に、注目すべき墨書がある。願主「源次入道」と20人の結縁奉加した人びとの名前が並ぶ上に書かれた「薬師如来／御宝前」の文字だ。

　御宝前は、神仏の前、という意味である。ここでは、霊山寺の本尊である薬師如来の前、ということになる。薬師如来の尊像があるのに、なぜ、同じ薬師如来の懸仏が必要だったのか。それは、御本尊が「秘仏」とされていたからである。懸仏は、厨子に閉ざされて見ることができない御本尊に代わり、参詣者の祈りを受けるための仏像だった。

　このような仏像は、「前立」あるいは丁重に「御前立」と呼ばれる。御前立をほしいという願いは、寄進に参加した人数の多さ、懸仏の大きさ、意匠のみごとさに、よくあらわれている。

ここで、名高い秘仏を紹介してみよう。善光寺［長野市］の阿弥陀三尊像、浅草寺［東京都］の聖観音像、東大寺［奈良市］二月堂の十一面観音立像（大観音、小観音）、粉河寺[こかわでら]［紀の川市］の千手観音立像……これらの秘仏は、公開されないのが原則になっている。

　普通は秘仏といっても、61年、33年、……１月に１回など定期的に、あるいは不定期に「開帳」と称して、お寺で拝観が許されている。開帳は、「開扉」「啓龕[けいがん]」「開龕」などともいう。これが居開帳[いがいちょう]だ。

　秘仏が多い仏像は、十一面、千手、如意輪、馬頭など観音菩薩像だ。密教系のお寺に多い仏像である。西国三十三所観音霊場では、五つの寺以外、すべて秘仏となっている。本尊が秘仏のお寺には、通常、前立が用意されている。懸仏は、その一種だったのだ。

　秘仏という仏像のありかたは、日本以外にはない、といわれる。仏像を厨子の中に安置するという日本独特の形態から生まれてきた、とされる。前述の「啓龕」という語が、中国・唐代の書物に出てくることから、秘仏の日本発祥を否定する説もある。が、これは秘仏のことではなく、「佛骨」つまり舎利の公開の有無をさしている。だから、秘仏はやはり、日本独特の風習とみるべきだろう。

　「秘すれば花」という日本的感性にもとづくものか、いっそ功利的発想からきたものか……その根拠は、さまざまに憶測されている。『秘仏』は、次のような秘仏成立の要因をあげている。

6．鏡像と懸仏

　第1は、霊験あらたかな仏像に「俗世界のものが軽々しく接してはいけない」というタブー性。第2に、日本古来の神は常在せず、祭の時だけ降臨する、という神道の信仰形態の影響。第3、忿怒尊などの恐ろしげな様相や、歓喜仏の性表現を隠すため。実利的理由である第4は、隠すことによって霊験功徳を強調し、開帳と称して志をいただいて公開する。ようするに、経営上の方便である。

　そして「四国八十八カ所の本尊が、次第に豪華な厨子の中に隠れてしまう」のも、第4の要因にかかわるという。頼富本宏種智院大学教授はこれを「非常に形而下的であるが、逆に無視できない」という。

　痛快なのは『嬉遊笑覧』巻七の一文だ。「世に秘佛とて開龕なきハ醜き像なればなり」と秘仏の謎を、一言のもとに片づけている。この真偽については、不問に付すことにしておこう。

　本尊秘仏化のはじまりは、早くとも9世紀後半とされる。ただ、秘仏という言葉は、鎌倉前期までの書には出てこない。江戸時代には、「御開帳」をとおして、秘仏の存在は民衆の常識になっていた。なかでも繁華街で盛りあがった出開帳の人気はすさまじかった。

　不可解なことだが、仏教辞典類をくってみると「秘仏」の項目がなかったり、解説が字義だけのものだったりする。秘仏の利点といえば、外気、陽光にさらされてこなかった結果、保存状態がよく、資料的価値が高いことくらいか。信者、民衆にとって、秘仏に何か意味があっただろうか。どうも秘仏には、釈然としない感じがつきまとう。＊12

またもや霊山寺の懸仏から離れ、脇道にそれてしまった。だが、霊山寺の懸仏が誕生した背景は、これでみえてきた。ところで、私の印象に残ったもう一つの懸仏、長弓寺の場合はどうか。

　長弓寺の本尊・十一面観音は、秘仏ではなかった。しかし、国宝本堂の外陣からのぞいても、その姿はよく見えない。そんなことから信者たちは、秘仏に対したときと同じように、眼前に前立を望んだのではないだろうか。その実現への道筋は、「秘仏－前立」の関係にならった。こうして成立した懸仏は、きっとほかにもあったと思われる。

　鏡像にはじまり懸仏にいたる、いくつもの支流を集めて流れてきた大きな川のほとりを左見右見(とみこうみ)しながら、ここまでたどりきた。途中で、神仏習合の象徴とする通説ではわりきれない、意外な側面もみた。とはいうものの、懸仏は、まぎれもなく本地垂迹説と強く結びついていた。

　遙かなときをあれこれ考えながら、おぼつかなくたどる旅は、私にはこのうえない楽しみであった。しかしこの旅は、山頭火が詠んだように「分け入つても分け入つても青い山」で、はてしがない。

　　注（傍点は、私が付けた）
　　＊１ 『和漢三才圖會』巻第五十九「唐金」（からかね；「銅一斤鉛五分之一」の合金）の項目に「白銅 佐波利 用_唐金分量_ 加用_錫十分之一_ ……」とあり、この白銅は、現在のニッケル－銅合金ではなく、銅－鉛－錫合金。

6．鏡像と懸仏

＊2　「本地（仏）→垂迹（神）」関係を数例あげておく。釈迦如来→春日一宮、山王大社／大日如来→熱田本社、伊勢、富士浅間／薬師如来→春日二宮、祇園牛頭天王、熊野速玉宮／阿弥陀如来→住吉二宮、立山、八幡中御前／聖観音→住吉四宮、八幡東御前。

＊3　『古事記』の漢字表記は、『日本書紀』と異なる。例えば『日本書紀』の八咫鏡は、『古事記』では八尺鏡。1咫＝16cm弱。「八」は実数ではなく、大きいことの形容である。ここでは引用以外『日本書紀』の表記に従う。

『日本書紀』は、天照大神を「日神」と太陽神であることを明記している。

『三種の神器』は、八咫鏡、天叢雲剣（あまのむらくものつるぎ）（草薙剣）、八尺瓊曲玉（やさかにのまがたま）。

＊4　中村所蔵の阿弥陀五尊像を線刻した鏡は、和製の銅製八稜鏡である。

＊5　『大日経』とは、『大毘廬遮那成仏神変加持経』のこと。これに対して金剛界を代表する経典は『金剛頂経』である。

国宝・東寺の両界曼荼羅を見ると、金剛界曼荼羅に描かれた仏像がすべて、月輪と呼ばれる円に囲まれている。しかし、胎蔵界曼荼羅の仏像は、月輪に囲まれてはいない。この点に留意。

＊6　神道の概念は、時代を遡るほど曖昧で、古神道は宗教か民俗信仰かなど、民俗学者、宗教学者、歴史学者などのあいだで、異論異説が多々ある。

＊7　和光同塵は、『老子』にある言葉で、才能を隠して俗世間と交わる、との意。のちに仏が衆生救済のため、智恵の光を隠し姿を変え、塵のような俗界に現れる、つまり本地垂迹の意に転じた。

神祇は、天の神と地の神。

この辞典では、「垂迹」を「垂跡」とするなど、文字遣いに違いがある。

＊8　破損品や残欠が多いとはいえ、これほど多くの御正体が金峯山の土中にあった理由を、松田は「破壊された神像や火中した経箱などがあり、堂社にあったものが火災などにより破損したため埋められ、また鎌倉時代以降の遺物が含まれていないことからその時期も推定される」と書いている。

＊9　数十点の懸仏が遺る神社は、滋賀県に多い。例えば、残欠

143

を含め1038点に上る飯道（はんどう）神社［信楽町］、155点を数える日吉神社［高島市］、97点の山神社［高島市］、40点以上の玉緒神社［東近江市］など。各社の懸仏には大型の優品もあるが、小型粗製が多い。また、例にあげた虚空蔵菩薩像懸仏所蔵の新宮神社［郡上市］など、滋賀県以外にも数多く懸仏を蔵している神社がある。これらの神社は、山岳信仰と関わり深い場合が多い。

＊10　『神道名目類聚抄』は、元禄12（1699）年刊、神道の決まりごとなどを記載。

柳田國男の説は、『アサヒグラフ』14巻2号（1930年）「繪馬と馬」で「エマという京都語が地方に行はれて、前の名前を隠してしまった結果、自然にさう（通説のように）考へる人を多くしたのでは無いか」といい、「馬の繪の眞似では無い」御薬師堂の眼の額、足利の水使さまの下半身の絵馬などをあげ、別の起源を示唆する。後に『造形藝術』3巻5号（1941年）の「板繪沿革」では、絵馬板の上端の山形が厩舎の屋根を表すとして「エマが繪馬から出た語だらうといふ通説は否定することが出来ない」と後退するが、東北では「神佛と直接の交渉」のみならず「路傍の縁や老樹にも掛け、又は（イタコなどの）巫女御夢想（ごめそ）の家に置いて來る」などと述べ、異なる発祥の可能性を説いている。

＊11　斎藤月岑（げっしん）著『東都歳時記』は、長谷川雪旦画、天保9（1938）年刊。

「煤竹」は大掃除に使う煤払いの竹。「荒神」は三宝荒神つまり竈（かまど）の神。

『江戸惣鹿子』は、松月堂不角著、元禄2（1689）年刊。

『人倫訓蒙圖彙』は、蒔絵師源三郎画、元禄3（1690）年刊。

＊12　大型辞典で「秘仏」が項目にないのは『織田 佛教大辞典』（大蔵出版1954）、『仏教文化事典』（佼成出版社1989）。字義程度の解説しかないのは『佛教語大辞典 上、下』（東京書籍1975）、『佛教大事典』（小学館1988）。

参考資料
『朝日百科 日本の国宝』4巻［近畿2 奈良］（朝日新聞社1999）
『図録「特別展 懸仏の世界」』（滋賀県立琵琶湖文化館1997）
『図録「特別展 神仏習合」』（奈良国立博物館2007）⊃内藤栄「懸

6．鏡像と懸仏

　仏について」
『津田左右吉全集』第九巻（岩波書店 1964）
日本思想大系 1『古事記』（岩波書店 1982）
日本古典文學大系 67『日本書紀 上』（岩波書店 1967）
日本古典文學大系 87『神皇正統記 増鏡』（岩波書店 1965）
新日本古典文学大系 56『梁塵秘抄 閑吟集 狂言歌謡』（岩波書店 1993）
難波田徹『日本の美術 1』No.284「鏡像と懸仏」（至文堂 1990）
『新版 仏教考古学講座』第 1、4 巻（雄山閣 1984）
『仏教美術』第 5 巻（平凡社 1991）⊃中島博「鏡像と懸仏」
『図解・仏図の読み方』（大法輪閣 2000）
『織田 佛教大辭典』（大藏出版 1954）
『國華』第 63 編第 6 冊（朝日新聞社 1954）⊃保坂三郎「鏡像について」
多田智満子『鏡のテオーリア』（大和書房 1985）
東洋文庫 457『続日本紀 1』（直木孝次郎他校注 平凡社 1986）
『柳田國男全集 14』（ちくま文庫 1990）⊃『山宮考』
『法華経（上、中、下）』（坂本幸男・岩本裕訳注 岩波文庫 1967）
『神道大辞典（縮刷版）』（臨川書店 1990）［原著 3 巻本（1937 〜 40 平凡社）］
『遊楽』1997 年 5 月号（むげん出版 1997）⊃松田光「御正体」
和歌森太郎『神と仏の間』（講談社学術文庫 2007）
『古事類苑 神祇部二』（吉川弘文館 1977）⊃『神道名目類聚抄』
岩井宏美『絵馬』（ものと人間の文化史 12・法政大学出版局 1974）
岩井宏美編『絵馬秘史』（NHK ブックス 1979）
東洋文庫 159、221『東都歳時記 1、3』（斎藤月岑 朝倉治彦校注 平凡社 1970、72）
『秘仏』（毎日新聞社編 毎日新聞社 1991）
喜多村信節『嬉遊笑覧 下巻』（名著刊行会 1970）
『定本 柳田國男集』第 27 巻（筑摩書房 1970）⊃「繪馬と馬」「板繪沿革」

7．河東碧梧桐の書

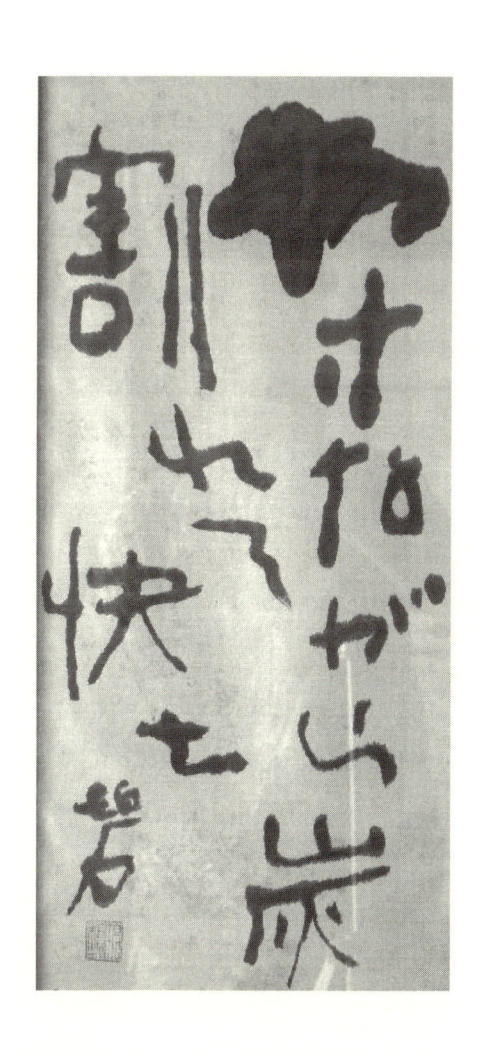

芝の御成門(おなりもん)にほど近い東京美術倶楽部で開かれていた古美術展を訪れたおり、一幅の墨蹟の前で足がくぎづけになった。文字が異形なら、書かれた文言もいささか異様である。

　　物さながら炭割れて快志(こころよし)

と、読むことができる。俳句のように読みとれるが、その墨痕に、いうにいわれぬ魅力を感じて、動くことができない。落款に「碧」と記されている。はたと膝を打った、これは俳人　河東碧梧桐(かわひがしへきごどう)の書だ、と。

　つい抗(あらが)いがたい高揚感におそわれて、衝動的にこの軸を求めてしまった。幸か不幸か表装はぼろぼろ、一見、ごみのような代物だったので、思いがけない廉価で手に入った。持ち帰ったあと、表具を切りはがして額装にしつらえなおした。

　じっと見つめていると、この自筆自作句の絹本(けんぽん)の書跡から、なんとも不思議な雰囲気がただよってくる。ひいては碧梧桐その人が、不可解な存在に感じられてくる。たしかに碧梧桐という名は聞き知っていたが、その人物像については、ほとんどなにも知らなかった。この書をながめていると、河東碧梧桐とは何者だったのか、知りたい気持が、しきりにつのってきた。

　時代は明治から昭和にかけてのこと、いくらも調べようがあろう、とたかをくくっていた。ところが存外、難航した。というのは、碧梧桐は筆跡に表れた文字のように、俳句の世

7．河東碧梧桐の書

界でも伝統を超えようとして、破調に走った人だったからである。俳人碧梧桐は、正統俳句史から、ていよく排斥された俳人だった。

　また調べていくうちに、碧梧桐独特の書法が「六朝(りくちょう)」風といわれることを知ったが、これまた、毀誉褒貶(きよほうへん)はなはだしい書風だった。

　碧梧桐は、六朝書をよくする書家、と高く評価される一方、手ひどい酷評にもさらされてきた。

　例えば、高村光太郎は「書についての漫談」に「世上では六朝書が大いに説かれ出して、私も井上靈山とかいふ人の六朝書に關する本を案内にして神田の古本屋で碑碣拓本(ひけつ)の複製本を買つたりした。六朝書の主唱者中村不折(ふせつ)や碧梧桐の書にはさつぱり感心せず、守田寶丹(ほうたん)に類する俗字と思つてゐた。……草津へゆく途中の温泉宿で碧梧桐の例のごろた石をつんだやうな字の俳句の短冊を幾十枚か、自慢で見せられたことがある。……」と書いている。＊1

　また、會津八一は「東洋文藝雜考」に「……世間は亂暴に書いたものは何でも六朝といひますが、その一例は碧梧桐（河東）といふ人間がをかしな字を書いて、これは六朝などといつたものだから、六朝にはいろいろな字があると思はれてゐる」と記した。双方いずれも、歯に衣(きぬ)着せぬ厳しい評言である。

　揚げ足をとるつもりはないが、ここで、光太郎の文章に井上靈山とあるのは、井土靈山(いどれいざん)の誤りである。＊2

　それはさておき、光太郎の評に出てくる碧梧桐と中村不折は、書について深いつながりをもっていた。その一端は、朝

149

日新聞に掲載された「龍眠帖」の逸話からうかがわれる。*3

　名の知れた洋画家で書家でもあった不折の代表作とされる龍眠帖は、公表するつもりのない習作として書かれたものだった。それが、この書に感激した碧梧桐が強くすすめたことから、1908（明治41）年に出版された。世にでるや「著名な書家から酷評され、書壇で大論争になった」半面、「約束事にとらわれない斬新さ」が好評をはくし、当時、大きな衝撃をあたえた、と記事にある。

　碧梧桐の書の評価と、まったく趣意を同じくする世評を呼んだのだ。龍眠帖に対して賛否激論がまきおこったことは、私にもよく理解できる。龍眠帖を見た私の脳裏にも、悪戯－生真面目、稚拙－質朴、諧謔－真摯、武骨－奔逸、気骨－禅味……さまざま相矛盾する印象がかけめぐった。だが、不快感はわいてこなかった。

　ところで、不折、碧梧桐がのめりこんだ六朝書とは、そもそも、どのような書なのか。そこから、まず知りたい。

　中国史でいう六朝とは、3世紀から6世紀にかけて長江の南、現在の南京に都をおく、漢民族がたてた6王朝をさしている。この時代、政治史では、北方は異民族の支配下にあったので「南北朝時代」と称するが、文化史では、南の漢人の貴族文化が花開いたことから「六朝時代」といいならわしている。六朝文化を代表する一つが、書だった。*4

　書聖と讃えられる王羲之は、この時代の人である。また、清の康有為が『広芸舟双楫』に「六朝人、草の情　隷の韻、有らざるところ無し」と記したように、篆書、隷書、楷書、

150

7．河東碧梧桐の書

草書、行書と漢字の書体が、六朝時代にはすべて出そろっていた。そして康は、六朝以前のものもふくむ石碑に刻まれた書を重視し、尊重するよう説いた。＊5

　従来、日本では、中国同様、能筆家が書いた法帖(ほうじょう)によって書を学んできた。これを帖学(ちょうがく)という。だが康は、碑拓から学ぶ碑学(ひがく)の重視を呼びかけた。法帖は、すぐれた書を写して石版や木版で刷ったもので、模写や改版をする際に、時代の影響を受けて変容するおそれがある。石に彫った碑碣文(ひけつもん)にはそのおそれがなく、よく古風を伝えている。

　つまり、帖学から碑学へというのは、書の復古主義を意味している。康有為が六朝を唱導したのは、碑学尊重、いいかえると書の原点への回帰を訴えたかったのだ。その風潮は、日本にもおよんだ。

　碑碣文の拓本が、明治の日本に大量に伝来した。その拓本をもたらしたのは、清の初代駐日公使何如璋(か)の随員だった楊守敬であった。楊は、1880（明治13）年に来日している。日本に遺る中国古典籍の調査にきたのだが、古代中国の碑拓に造詣が深く、愛好していた六朝碑碣の拓本を1万余点もたずさえてきた。これが流布して、日本における六朝書旋風の発火点となったのだ。

　碑拓の書は、どんな風合をもっていたのだろうか。會津八一は「書道講義」で、次のように表現している。

　「在來ののんびりと柔かな書體に慣れた一般民衆は、ごつごつとして、きたならしい見慣れない古き書體に對して、一般に輕蔑的な反感を示した」という一方、「……全く日本化

151

した柔かな日本の書道が荒削りな自然な豪放な書道に立戻つたのである」とも評価する。さらに、前の引用文の後に「しかるに斯の如きこと四五十年にして、凡そ今日の書家といふあらゆる書家はみな六朝以前の尊きことを口にしている」と続け、六朝書が書道界を席巻したことを述べている。

　八一の言葉からもわかるように、六朝書は、それまで尊重されてきた洗練され整った書風とは、明らかに異質の風合をもっていた。

　六朝旋風は、中村不折をへて碧梧桐へと、飛び火した。1907（明治40）年、旅先の浅虫温泉にいた碧梧桐のもとに、不折から数帖の六朝碑拓がとどいた。それを見た碧梧桐に、衝撃が走った。即、碧梧桐は、正岡子規から「天資の能」と評されたほどの達筆をおしげもなく捨て、旅先の宿で、さっそく六朝書の習字をはじめた。

　流行を追ったわけではない。碧梧桐の内奥に、六朝書に呼応するものがあったのだ。不折もそうだが、文字の形を写すというより、ひたすらその精神に寄りそおうとした。それは技巧を弄さず、愚拙に徹した墨跡をみれば、自ずから明白である。

　では、碧梧桐の内奥で呼応したものとは、なんだったのか。それは、当時、胸中に抱いていた俳句についての想いだった。碧梧桐は、旧来の伝統的俳句の世界から飛躍しようと期していた。そこにいたる経緯を知るには、俳句における碧梧桐の軌跡、そして明治俳壇、ことに子規を中心とした動向をみておく必要がある。碧梧桐、本名河東秉五郎の生まれ育ちもふくめ、以下にみていこう。

7．河東碧梧桐の書

　秉五郎は、河東 坤(したがう) の五男として明治6（1873）年2月26日、愛媛県松山市に生まれた。父は静渓を号とする漢学者で、秉五郎より6歳年長の正岡子規（本名 常規(つねのり)）は、その門弟であった。また、碧梧桐と並んで子規門下の双璧とうたわれる高浜虚子（本名 清）は、秉五郎と中学の同級生だった。のちに清に子規を紹介したのは、すでに俳句の指導を仰いでいた秉五郎である。秉五郎が碧梧桐という号を用いるようになったのは、19歳からのことだ。[*6]

　碧梧桐の俳句については、まず、明治俳壇を牽引した巨星で、碧虚（碧梧桐と虚子）に直接まみえ、導いた師である子規の記述から、たどるとよい。そこで、子規が1896（明治29）年に書いた評論「文學」に記した批評から、みてゆくことにしよう。

　「河東碧梧桐が俳句なる者を認めたるは明治二十三年の頃なるべし。二十四年より作りはじめたるに其(その)敏才ははやく奇想を捻出し句法の奇なる者を作り以て吾人を驚かしぬ」と、次のような数句を引いている。

　　　　面白う聞けば蜩(ひぐらし) 夕日かな
　　　　狼や巨燵火(こたつび)きつき旅の宿

　以後2年間、年々「一歩を進めたり」と進歩を賞賛する言葉が続く。ところが、「二十七年春以後彼は毫も進歩を爲さゞりき。曩時(のうじ)（以前）の麒麟兒も一個の豚犬と化し去りぬ」と、突然、酷評に一転する。この時期、何があったのか？

153

1893（明治26）年、碧梧桐は京都の第三高等中学校（旧制三高の前身）に入学、そこで虚子と再会し、同居する。翌年、学制改編によって碧虚そろって、仙台の第二高等中学校に転校を余儀なくされる。意に反した校風になじめず、碧梧桐は虚子をさそって退学、上京、のちに同宿する。以後、2人は遊蕩に耽(ひた)る……という時期だった。

　このころ、碧虚の親交は頂点を迎えるが、中途退学したとはいえ、帝大文科大学に学んだ子規の眼には、「邪路に陥る」行為にうつった。

　子規の「文學」にもどる。「明治二十九年とはなりぬ。吾は昨年末昏昏(こんこん)として睡眠に餘念無き俳友を起さんとして頻(しき)りに務めたり。而(しか)して第一に起き來りしは碧梧桐なり」として、その復活を「其(その)句法一(いつ)として勁抜(けいばつ)ならざるは無し」と、多くの句をあげながら絶賛した。

　　赤い椿白い椿と落ちにけり

　なかでも教科書にもよく登場する上にあげた句をふくむ一連の句には、碧梧桐の主観を排した写生句の長所があらわれている、として「空間極めて狭くしていよいよ印象の明瞭なるを見る」と讃辞をよせた。

　また、次のような五七五調をはずれた異調の句もいくつかとりあげ、「是れ亦碧梧桐の特色なり」と、あえて非難の言葉を加えていない。

　　夏川や人愚(おろか)にして龜(かめ)を得たり

154

7．河東碧梧桐の書

水飯一椀冷酒半盞に僧を請ず

　この破調について、子規は「明治二十九年の俳句界」のなかで、虚子にも共通する特徴だとして、「舊に飽き新を望むは人情の常なり」と、擁護している。
　曲折はあったが、「文學」で子規は、「碧梧桐は終始此儘にて押し行くべし」と結び、正統俳句の次代の担い手として、碧梧桐におおいに期待していたようすがみえる。

　時をもどして、碧虚がいまだ放蕩に明け暮れていた1895（明治28）年、子規は志願して、日清戦争の従軍記者となった。現地に着くと戦はすでに講和を迎えており、その帰途に喀血。予感があったのか、子規は従軍前に、俳句の将来に想いをはせ、後継者のことをすでに念頭においていたようだ。同年2月25日、河東秉五郎と高濱清に宛て送った同文の書簡に、それがうかがえる。
　2人宛の書簡の末尾を、「僕若シ志ヲ果サズシテ斃レンカ僕ノ志ヲ遂ゲ僕ノ業ヲ成ス者ハ足下ヲ舍テ他ニ之ヲ求ムベカラズ　足下之ヲ肯諾セバ幸甚／正岡常規拜」と結んでいる。この文面から、死の覚悟とともに、後継者は碧虚いずれかに託したい、と望んでいたことがわかる。
　ところが、帰国後の同年12月に、俳友であった五百木良三（号　瓢亭）宛の書簡では、話がずいぶんちがっている。
　「小生は以前よりすでに碧梧を捨て申候」「小生の身命は明日をもはかられぬもの小生の相續者は虚子と自ら定め置候」と書き、さらに、上野道潅山で虚子に、その旨、伝えたとこ

ろ、「虚子いふ／厚意ハ謝スル所ナリ　併シ忠告ヲ納レテ之ヲ實行スルダケノ勇氣ナキヲ如何セン」と断られたことを書き、「小生の文學は氣息奄々（えんえん）として命旦夕に迫れり」などと、大仰に泣き言を綴っているのだ。

　突如、なぜ、碧梧桐をみかぎったのだろう。従軍のあいだ、新聞『日本』の「日本俳句」欄を、子規に代わってまかされたのは碧梧桐だった。碧梧桐は、それを機に日本新聞社に入社している。この欄にちなんで、子規が育てた俳人たちを「日本派」と称したほど注目されていた場である。その日本俳壇の選句を、内藤鳴雪、虚子と合議したとはいえ、碧梧桐が一任されていたのだ。子規が信頼していた証（あかし）といってよい。この子規の豹変は、どうにも腑（ふ）に落ちない。

　この手紙文について、碧梧桐は冷静に「病的焦燥の高潮であり、不安と危惧を紛らそうとする自己昂奮の対抗策」とし、その後の情況を「死の雰囲気の濃厚となるにつれて、心はいよいよ清澄に平静であった」と記している。病（やまい）からきた一時の錯乱、というわけだ。それだけではない気もするが、以後、子規があからさまに碧虚を差別したようにはみえないから、案外そんなことだったのかもしれない。[*7]

　碧虚にとって、子規は尊敬すべき師であると同時に、ある意味、枷ともなっていたことは否定できない。そこで、もう少し碧虚をまじえた子規周辺の動静をみてゆく必要がある。

◇

7．河東碧梧桐の書

　1902（明治35）年、壮絶な闘病の末、正岡子規が死去する。享年35、絶筆「糸瓜咲て痰のつまりし仏かな」が辞世の句とされている。*8

　病身をおして、死がおとずれるまで俳句の革新と興隆につとめた子規がよりどころとしたのは『日本』新聞と俳誌『ホトトギス』だった。「獺祭書屋俳話」などを執筆掲載するとともに、投句欄「日本俳句」を創設し、「日本派」と呼ばれる俳壇を育てあげた『日本』、誌名の名づけ親であり、終生、編集を主導した『ホトトギス』――子規は、この２媒体を中心に、新しい俳句の普及、深化をめざしてきた。*9

　子規の後継者になるということは、事実上、この双璧をなす俳句の橋頭堡を守りついでいくことを意味していた。結局『日本』の日本俳壇を碧梧桐が引きつぎ、『ホトトギス』は虚子が受けついだ。前に子規の碧虚観さまざまをみてきたが、この時点では、納まるべきところに納まった、ということになるだろう。*10

　ここで前に記したこととは逆に、碧梧桐や虚子からみた子規の一面にふれておこう。まず、碧梧桐の眼に子規はどのようにうつっていたか。その著『子規を語る』のなかから、子規の人となりがよくあらわれている箇所を引いてみる。

　「子規という人は、総てを自分で決済する人だった。自己の運命に関する重大事となればなるほど深く韜晦する人だった。猜忌の眼をもって見ると、悪人的な陰険味もあった。自己の弱点を暴露したくない粉飾心にも充ちていた」。

　子規は、自己正当化の傾向が強く、自己にも他人にも厳し

157

かった。門弟に辛辣な痛棒をくらわせることも、しばしばみられた。

遊蕩をいましめられた書簡を受けとった碧虚がかわした会話の中で、虚子は「なアに、のぼさん（子規）はよくムカッ腹をお立てるけれな、随分ひどいこともお言いるぞな、そういうと何じゃが、のぼさんはあれでシンは冷たい人ぞな」と語っている。碧梧桐も別のところで、受けた痛棒を「メスで剔るような冷たさ」と表現している。＊11

ちなみに虚子は「子規の感じ」という短い文中に、「よく口小言をいふ先生といふ感じ——病気が悪くなつて病床に寝たつきりの時、私のする事が一々気になるらしく、放つて置いて呉れゝばいゝと思ふ事まで喧ましく言はれた」と書いている。

こうした子規の気質は、若くして不治の病をえたことに関係があるかもしれない。また、「俳句分類」などにみられる、冷徹な眼で細部まで徹底的に調べつくそうとする学究的資質にも一脈通じるようだ。

ともあれ子規が死を迎えるや、碧虚は呪縛を解かれたように、それぞれ異なる道を志向しはじめる。碧梧桐は、もっぱら自らの俳句世界の構築につとめる。一方、虚子は『ホトトギス』によりながら、以前から関心の深かった文芸運動に力をそそぎはじめた。

虚子の企図は、1905（明治38）年に夏目漱石が連載をはじめた「吾輩は猫である」に結実する。以後、『ホトトギス』は、俳句を脇のほうに追いやって、文芸誌として洛陽の紙価

7．河東碧梧桐の書

を高めていった。虚子自身、1908（明治41）年に最初の小説集『鶏頭』を上梓、それから数年は、すっかり俳句からはなれ、小説執筆に没頭している。*12

　碧梧桐は、子規の死で解放感をおぼえると同時に、俳句に対する責任感を自覚したにちがいない。碧梧桐が独自の俳句世界を切りひらいてゆく基盤が、こうしてととのった。そこにもう一つ、碧梧桐の新境地開拓をうながす要因が加わる。虚子とのあいだに溝が生じたことだ。

　子規死去前の春、『ホトトギス』4月号で、碧虚の仲を予見した子規の言葉を、碧梧桐が「子規談片」に記している。碧虚が「趣味が違って、互いに相容れぬ」ことになり、「……お互いに是は僕の趣味ぢやといふやうに派を立てなければ納まらん事になりはすまいか、……といふやうになるのが憂ふべき現象であるか、又却って面白い結果を來たす事になるか……」と、子規は、両者対決の予感を語っている。

　碧虚の確執が表面化したのは、子規の死の翌年だった。1903（明治36）年『ホトトギス』10月号に、虚子が「現今の俳句界」を書き、碧梧桐が前月号に載せた「温泉百句」を批判。詳細は省くが、材料、語法の新奇さを槍玉にあげ、「其欠点を多く暴露してゐる」と断じた。

　碧梧桐は、翌11月号でこれに反論した。新奇な語法などなく「實景そのまゝを何の飾り氣もなく敍した」と、作為のないことを述べ、これは「流行に対する反動」であり、「虚子のこの度の論は稍極端に走せ、奇矯に流れて居りはせぬかと疑はれる」と結んだ。このときを境にして、両者のあいだの亀裂が、次第に深まっていく。

159

のちに自ら「守旧派」と称した虚子との対立もまた、碧梧桐が新しい俳句の世界に挑戦しようとする意欲に拍車をかけた、と考えられる。

　碧梧桐の俳句への意気ごみは、まず、1904（明治37）年秋から仲間とはじめた「俳三昧」で、実行に移される。これは、句作一途にはげむ修行だった。次いで、全国行脚と新傾向俳句の実践にのりだす。
　全国行脚というのは、1906（明治39）年8月に東京をたって、翌年末まで、関東から東北、北海道、日本海側をめぐる「三千里」と名うった旅だった。碧梧桐自身は「一言にして盡せば、見聞を饒（ゆた）かにする、に過ぎなかつた」というが、俳句の普及と自己研鑽を胸中深く期した第一歩であったはずだ。そして、この旅で作った句が、「新傾向」俳句につながってゆくのである。＊13

　「新傾向」の語が最初にあらわれるのは、大須賀乙字（おおすがおつじ）が、1908年の『アカネ』2月号に書いた評論「俳句界の新傾向」だった。
　まず、子規提唱の写生句を「直叙法（活現法）」の句とし、印象明瞭で理解は容易だが、平凡にとどまったり、堕落におちいるおそれがあることを、例句をあげて説いた。
　これに対して現今目につくようになった「特性を指示して本體を髣髴（ほうふつ）せしむる」「輪廓（りんかく）を描かずして色を出さうとする」句に「暗示法（陰約法）」の名を付した。そして「餘情餘韻に富む」暗示法の句を「新傾向の俳句」と称して推奨した。

7．河東碧梧桐の書

その例句として、碧梧桐が全国行脚中に東北を訪れたおりに詠んだ、次のような句をとりあげた。

　　思はずもヒヨコ生れぬ冬薔薇（ふゆそうび）　　（仙台）
　　會下（えげ）の友思へば銀杏黄落す　　（横手）

　冬の薔薇（ばら）の暖かな感じとヒヨコが生まれたという事象、哀れを誘う銀杏の落葉とかつて参禅をともにした亡き友の思い出——いずれも、季語と対応する言葉の彼方に想起されたものとのあいだに精妙な調和をみて、これを新傾向と賞賛したのだった。

　碧梧桐は、乙字に呼応する形で４カ月後、「俳句の新傾向に就て」を発表。乙字の論に不十分な点があるとしながらも、新傾向を論じたのは「乙字を以て嚆矢とする」と功をみとめた。碧梧桐の論は、以下のような附言をもって終わる。

　「文學の堕落は多く形式に拘泥するに始まる。……形式の美に飽いた時、必ず眞に返れの聲を聞く。現状を打破する新思想は常に『眞に返れ』であるというても過言ではない様である。當代の俳句も多數作者の句を見ると、已に或る形式に囚はれた觀がある。陳腐山を爲し、平凡海を爲す。この現状の打破は矢張『眞に返れ』の聲より外（ほか）にはない。……」。

　碧梧桐の俳句は、新傾向以後、さらに自由律、無季……と前衛化してゆくのだが、この一文に、その原点が要約されている。形式に堕した俳句の現状批判から飛びだしてきた「眞に返れ」の言に、思い起こすことがないだろうか。そう、碑学、ひいては六朝に傾倒した康有為が書に求めていたものも

また、書の原点、真の書への回帰であった。

　ながなが碧梧桐と俳句について書きつらねてきたが、それはすべて、碧梧桐の書における唐突にもみえる変貌の背景を知るためだった。碧梧桐が、六朝書に魅いられた時と場所を思い出してみよう。乙字が指摘した新しい俳句の世界に碧梧桐が踏みこんだ、まさにその時期、三千里途上の浅虫の宿で、六朝にめざめたのだ。

　真への回帰という一点において、俳句革新の志と六朝書の精神が、碧梧桐の内奥で感応の火花を散らしたのである。

　そのとき、中村不折が送ってきた六朝碑拓をまのあたりにした感動を、1928（大正3）年、書道誌『龍眠』第6号に載った連載「六朝書と我輩」のなかで、碧梧桐は、次のように述懐している。

　「丁度明治四十年一月中旬のことで雪国には存外な暖かい南うけの温泉宿の一室に、爐に寄りながら、爨寶子（さんぽうし）や中嶽靈廟碑を擴（ひろ）げて見た時の心持は、到底忘れることの出來ぬ印象を殘した。爨寶子のギクギクした直線の奇の結構にも、中嶽靈廟の碑陽の大部分は磨滅してをつても、其殘つた部分の如何にも鮮明で、奇想天外より墜つる點劃の妙味など、一として我が心を躍らしめぬはない。……其一字々々を見る毎に言はゞ夜が明けて行くやうな心の明りがさして來る。やがて耀たる光明が目を眩する程に輝くのだ。我輩はそれまで繪を見ても、小説を讀んでも、又は古人の俳句を誦（しょう）しても、これ位透徹した純粋な感激に觸れたことはない、と思ふ位愉快な心持に堪へなかつたのだ」。

7．河東碧梧桐の書

　従来の書とちがった真の書に接した喜びが、躍動している。*14

　俳句と書の共鳴——碧梧桐の書法を大胆に変貌させた精神的背景は、ここにあったにちがいない。そんな三千里の旅から帰京した碧梧桐の姿を、門弟の瀧井孝作は「東北旅行の長途の賜物（たまもの）は、剛健・著実・重厚な人格の培（つちか）はれたこと。これは、日常の字が、在来の能筆を惜みなく捨て、古代の六朝風のゴツイ型破りの楷書に革（かわ）つてしまつたので、東京の同人間には生れかはつた人のやうにも見えた」と伝えている。

　三千里の体験が、碧梧桐その人を大きく変貌させる画期ともなったことを、この文章が描きだしている。

余談・その５。社会主義者として著名な堺利彦は、『万朝報』などの記者をへて、『平民新聞』や『売文社』をおこし、平易な文章で健筆をふるったことで知られる。その著『文章速達法』を読んでいて、興味深い表現にぶつかった。「ただ規則を規則として覚え込み、格とか法とかいうものに縛られて、形式ばかり整えることに気を使うと、かえって我が心の真実を現す妨げとなる……」という一節だ。

　これは文章論なのだが、まるで碧梧桐の胸中にあって俳句と書が結びついた境地を、そっくりそのまま表現しているようではないか。

　話題をもとにもどそう。このあと、碧梧桐の筆法は、たゆまざる俳句革新の歩みと軌を一にして、生涯、六朝書から離れることがなかった。とはいえ、墨跡がまったく変化するこ

163

とがなかったわけではない。『河東碧梧桐－俳句と書－』を編纂した沢田大暁は、碧梧桐の書を、その特徴から四つの時期に区分している。

　　　第1期 ──　明治 39（1906）年まで
　　　第2期 ──　明治 40（1907）～大正 6（1917）年
　　　第3期 ──　大正 7（1918）～大正 11（1922）年
　　　第4期 ──　大正 12（1923）～昭和 12（1937）年

　実際の書を見ないで話を進めてもむだかもしれないが、以下、各期の書の印象と俳句との関連を、時を追ってみていこう。第1期は、六朝に出会う前。当時の人士に一般的な書風だったが、子規や虚子がこぞって讃えたほどの達筆だった。句作では、子規が唱導する写生句に才気を発揮していた時代である。

　六朝風に急変して、第2期にはいる。この契機までは、すでに述べた。では、第2期の六朝感得のあと、どんなことがあったか。

　気概に満ちた碧梧桐は、新傾向を旗印にかかげて、続三千里の旅に出発する。1908（明治41）年から足かけ4年かけて、山梨から北陸へ抜け、西日本をめぐる長い旅だった。旅は、さまざまな思想をもつ人びとに接する機会を与えてくれる。と同時に、内省を深める時間も与えてくれる。それらもろもろを糧に、碧梧桐は、旅のあいだもそれ以後も、俳句革新の試みをいっそう果敢に進めた。

7．河東碧梧桐の書

　1908年、瀬戸内にいたころに出あった中塚響也(なかつかきょうや)の句「雨の花野(はなの)来しが母屋に長居(ながい)せり」などに触発され、「無中心論」を提唱。碧梧桐の「新傾向の變遷」によれば、従来の俳句のように、季題のもつ感じを中心に一句をまとめるために自然を制限的に取りこむのではなく、自然を解放的に扱って季題と交渉をもたせ、あえて中心点を求めない、というやや難解な主張である。

　このあたりから、新傾向俳句に同調してきた荻原井泉水(おぎわらせいせんすい)や乙字が、碧梧桐から離反してゆく。碧梧桐は1915（大正4）年に『海紅』を創刊。季題には固執しながらも、五七五の定型にしばられない、口語や外来カタカナ語も許容する「自由律俳句」に向かう。当時の碧梧桐の俳句をあげてみる。＊15

　　　蕾ふくらめるあやめの双葉の夏となり　　（1915年）
　　　物さながら炭割れて快志(こころよし)　　　　　　　（1916年）
　　　ホテルで一杯のことを言ひ凍解の道　　　（1917年）

　ところで、碧梧桐が斬新な俳句に邁進していたころ、虚子はどうしていたか。碧門の一部が、袂をわかちはじめる大正初期、新傾向俳句打倒を大義名分にかかげて、虚子は小説から俳句の世界にもどってくる。その闘志のたかぶりは、1913（大正2）年に虚子が詠んだ次の2句に、明瞭にあらわれている。

　　　霜降れば霜を盾とす法(のり)の城
　　　春風や闘志いだきて丘に立つ

かくして碧虚の対立は激化する。だが両雄の対決については、これ以上、深入りしない。このように内憂外患にさらされていた碧梧桐が、己の信ずる真に向かってひたすら前進するしかなかった、とわかれば、それでじゅうぶんだ。

　そして、第３期を迎える。この期の書風を、沢田は「みずみずしい柔らかみや、大らかな味、しかも飄々とした古雅な風格を打ち出した」「漢時代の書風」と評している。私は、豊かさと余裕を感じた。この時期、碧梧桐の身辺に何があったか、また俳句はどう変化したか。

　1918（大正7）年、中国各地とマニラを旅する。翌年、碧梧桐は『大正日日新聞』社会部長に迎えられ、神戸に移る。新聞の不振や養女の病死で鬱積した心労をいやそうと、1920（大正9）年末、ヨーロッパに旅たつ。ほぼ１年かけた外遊から帰ると、志がたがい、対立があらわになっていた中塚一碧楼(なかつかいっぺきろう)に『海紅』をゆだね、去る。

　その結果、碧梧桐の最後の砦として残ったのは、『日本及日本人』の「日本俳句」欄と個人誌『碧』、風間直得(かざまなおえ)らと刊行した俳誌『三昧』だけになった。*16

　ヨーロッパでは、ミケランジェロの未完成作に永劫への力を感じるなど、ルネサンスに学ぶことが多かった。異質と普遍、二つながら同時に感じさせられる西欧に身をおいて、深ぶかと吸った空気が、碧梧桐の句に、書に、新風をもたらさなかったはずがない。それは、穏やかで豊かな風だったようだ。書にあらわれたおおらかさ、豊かさは、こうした欧州体

7．河東碧梧桐の書

験からえられたものであろう。

　そして、この時期の碧梧桐の句は、定型や季題へのこだわりをすっかり脱して、自由で伸びやかになっている。第1句は中国・泰山、第3句はローマで詠んだ句である。

　　　あぢきなく牛糞を焚く真午の焔　　　　（1918年）
　　　彼がいふまゝになる白日のこのアスハルト（1919年）
　　　ミモーザを活けて一日留守にしたベッドの白く
　　　　　　　　　　　　　　　　　　　　　（1921年）

　第4期は、外遊から帰った後、になる。沢田評。「独歩の世界を打ち出し」「文字がみごとに造形化され」「それ等の文字の大小が、律動的に舞踊して生気を帯び、文字の遠近性が紙面の白を一層白く見せて、感情の深さを物語っている……」。私は、あいかわらず強い個性がみなぎるものの、文字配りに整合性がみられ、筆跡が多彩になり、墨痕に豊饒さがただよう印象をうけた。

　この時期の碧梧桐の新しい試みといえば、『三昧』に載せている風間直得が創始したルビ俳句である。これまでとあまり変わらない句も作ってはいるのだが……。

　　　簗落の奥降らバ鮎はこの尾鰭る　　　　（1931年）
　　　ことし在宅る挨拶を二人が前髪ひ障子つ（1932年）

　駆け足で、碧梧桐の書と俳句の変遷をたどってきたが、書風を急変させる激震に再びあうことはなかった。いいかえれ

ば、六朝風が、一瞥、なにも変わってはいない。それでも、荒々しい武骨さから、徐々に優しさと調和ある書風に変わっていった足跡が、俳句の変容と足並みをそろえていたことがわかる。碧梧桐の書について語るのは、これで終わる。だがやはり、碧梧桐その人の最後はみとどけておきたい。

　時代は昭和にはいる。まもなく、大正末から蕪村研究にとりくんできた碧梧桐は、俳壇から身をひく決意をかためた。私には、盲進の末にゆきついたルビ俳句、つまり上にあげたような句を作るにおよんで、碧梧桐は袋小路に迷いこんでしまった、と思われてならない。ここにきて、刀おれ矢つきたのではないか。

　1873年生まれの碧梧桐は、1933（昭和8）年2月26日の誕生日に、還暦を迎えることになる。

　その前年に、「日本俳句」の選者を降り、10月なると『壬申帖』第1号に「優退辞」を掲載。「多くの同志を篩ひ落すことに勇敢であった私は、今自己自身を篩ひ落す時機に到達したのであります。他に嚴格であつて、自己に寛大であることは、最も許されないことであります」と、『三昧』からしりぞくことを表明した。

　着々と身辺整理をおえて迎えた1933年、還暦祝賀会の席上で、俳壇引退を宣言。同年3月1日付『日本及日本人』掲載の「俳壇を去る言葉」で、その決意を伝えた。その要点を記しておこう。

　「……子規没後約三十年、言はゞ句界の第一線に立つて、あらん限り精根を尽して来た過去の行跡は、窃(ひそか)に私自身にと

7．河東碧梧桐の書

つての或る矜(ほこ)りでもあります」としながら、青年たちに伍していけなくなり、指導できないと自覚したことを述べ、さらに「傳統觀念の硬化した先輩元老が、却つて藝術を蠱毒(とどく)し蹂躙している例は、今も尚ほ目に餘る程、巷間に充ち満ちてゐます。……空位虚名を擁して、無感激な渦中に晏如(あんじょ)たる如きは、少くとも私の堪へ得る情景ではありません」と、決意にいたった心境を語っている。

またもっと簡明な表現で、5月の『大阪毎日新聞』紙上に「藝術の成立衝動とその存在價値に對する嚴肅な批判は、何よりも先づ自己の藝術良心なんだ」、そして、己のめざした俳境の実現は、いまや「新人の手に委ぬべきではないか」とし、「もうやれないからやめる、といふだけの、簡單明瞭な理由なんだから、どうにもむつかしく論理づけようもない、平々凡々たる心境の轉向に過ぎないのである」と書いた。

この引退に対する反応はさまざまだった。予想されるように、伝統形式を重んじてきた俳人のあいだからは、碧梧桐敗退とみて勝鬨の声があがり、もって正統を誇示する動向が高まり、その影響は今日までおよんでいる。むろん、俳壇残留を求める声もあった。だが、碧梧桐は意志を曲げることはなかった。

老いて誇ることは易い。が、老いて敗北をみとめるには、並々ならぬ勇気を要する。私は、己をみすえた碧梧桐の決意に潔(いさぎよ)さをおぼえた。

碧梧桐が死を迎えたのは、4年後の1937（昭和12）年2月1日、門人の力添えではじめて家をもち、新居で祝宴を

169

催してからわずか10日ほどのちのことだった。波瀾の人生を終えたところで、もう一度、干戈を交えてきた虚子に登場いただこう。3月20日付『日本及日本人』碧梧桐追悼号に寄せた句である。

　　　　たとふれば獨樂のはぢける如くなり　　　　　　虚子

「碧梧桐とはよく親しみよく爭ひたり」との前書を附したこの追悼句には、万感の実がこもっている。碧虚の関係が、巧みに写されている。

『あゝ玉杯に花うけて』を書いて、一躍、人気作家となった佐藤紅録には、かつて子規のもとで碧虚ともども、句作にいそしんだ時期があった。碧虚と等しく親しかった紅録は、1940（昭和15）年刊の『碧梧桐句集』の序文に、次のように書いている。[*17]

虚子は、俳句には俳句の領域があり、17字は意をつくすにじゅうぶんとし、その生命を形態ではなく内容に求めた。一方、碧梧桐は、新しい酒は新しい革袋に盛るべきだとして、まず形式から改め、17字を破壊して縦横に突進しようとした。ようするに両者の対峙は「一は内に求め、一は外に求む」としたことに基づく、と前置きしたうえで、「両者の交情依然として蜜の如し、戦ふは道に忠なればなり、親むは情に篤ければなり、争うて此に君子なるを見る」と、二人の関係、間柄を表現した。碧虚に対する好意あふれる文章だが、やや外交辞令のような感じもする。だが、外野からみた眼には、ひっきょう、このような二人だったのかもしれない。

7．河東碧梧桐の書

　幕を閉じるにあたって、碧梧桐の人物像、気質について、簡単にみておこう。これも人によって、さまざまに語られてきた。とりあえず、同時代に生きた俳人たちの声に耳を傾けてみたい。
　粟津水棹(あわづすいとう)は「妥協性を缺いた直情徑行」こそが「美點」だったとし、田中田士英(でんしえい)は「人をして傲岸自大と誤解せしむる」面があったが「純情無比」な人だったという。室積徂春(むろづみそしゅん)は「猪突的に躍進する際にはすさまじい勢ひを示すのであるが、挫折、行詰りの際には、反對に餘りに弱きに過ぎ」あきらめがよすぎた、と述べている。＊18
　いずれもよく知る人の正鵠を得た表現なのだろう。のちに書かれた碧梧桐の人となりは、ほぼこのような線にそって描写されている。
　私は、「自彊自恃(じきょうじじ)」の人だったと思う。引退の辞にあったように、時には迷妄にさまよったかもしれない。だが、常に向上をめざして研鑽、行動し、自省すべきはし、たしかな自負心をもって自らを信じて生きた、と思うのだ。
　俳句史のなかの碧梧桐は、前半生で終わったかにみえる。後半生は、あやまち、ゆきすぎを指弾され、異端者であるかのように影がうすい。しかし先駆者にとって、試行し、錯誤することは避けられない。錯誤ばかりを強調しても、新しい地平は望めないのではないか。
　実際、碧梧桐が試みにまいた種が、豊かな稔りをもたらしている。時を隔てて、繰り返し繰り返し人気がよみがえる尾崎放哉(ほうさい)や種田山頭火(さんとうか)の自由で個性に富んだ俳句も、その源を

171

求めてさかのぼってゆくと、井泉水をへて、碧梧桐にたどりつく。

　最後に、現代の俳人が語る碧梧桐観を、聴いておこう。大野林火(りんか)は、「現代名句評釈」で碧梧桐を紹介して、次のように記している。*19

　「……悲劇の中に一生を終ったが、その業績の中に俳句のあらゆる問題がひそんでいるといってよい。碧梧桐は明治・大正・昭和三代を通じてもっとも問題を残した作家といえよう」。

　もう一言、飯田龍太(りゅうた)の言葉である。

　「今生きておったらたいした人でしょうね。少し早く生まれすぎた。碧梧桐には時代が悪かったんでしょう」。

　両俳人の言葉は、簡にして要をえた総評ということになろうか。このあたりで、話を締めくくるとしよう。碧氏、もって瞑すべし。

注

　*1　碑碣(ひけつ)は、いしぶみのこと。碑は方形に造り整えられた石碑、碣は自然石や方形以外の円形などの面をもつ石碑。
　守田寶丹(1841〜1912)は、江戸下谷の売薬業9代目当主。名は治兵衛、号は丹邱。通称の寶丹は、製造・販売していた薬の名。特異な書風で一部にうけ、清の鄭板橋の流れをくむとし、寶丹流を自称。寶丹筆の看板は商売繁盛を招くともてはやされたが、「奇構俗悪」との酷評もあった。
　*2　井土霊山(1855〜1925)は、磐城相馬生まれ、名は経重。漢詩人、法律家、新聞記者、編集者。『書道基本用語詞典』の「六朝書」の項に、「北碑を唱導した康有為の著書『広芸舟双楫』が、中村不折・井土霊山の共訳により、『六朝書道論』の名で大正

7．河東碧梧桐の書

三（1914）年に出版され、広く読まれたことも手伝って、六朝書・六朝書道あるいは六朝風という名称が書壇に定着し、今日に及んでいる」とある。

＊3　中村不折（1866～1943）は、高遠出身。南画を学んだ後、洋画を小山正太郎などに学び、渡仏、太平洋画会で活躍。書を好み、書道博物館を創設。

＊4　詳しくいうと、後漢の滅亡（220年）から隋の統一（589年）までの間、江南の建業あるいは建康（いずれも後の南京）を都とした呉・東晋・宋・斉・梁・陳が南朝。これに対して北朝は、五胡十六国を鮮卑族の北魏が統一して以後、これが分裂して東魏、西魏、北斉、北周に至るまでの王朝をいう。

＊5　『広芸舟双楫』の原文「六朝人 草情隷韻 無所不有」。意訳すると「六朝の人の書は、草書の風情から隷書の風趣まで、すべてを網羅している」。

＊6　碧梧桐、虚子という号は、本名をもじって子規が付けた。子規の号は、明治22（1889）年5月に初めて喀血した折の句「卯の花の散るまで鳴くか子規」に始まる、と「啼血始末」に書いている。子規＝ほととぎす。時鳥（ほととぎす）は、鳴くと赤い喉が覗くことをいう俚諺「啼いて血を吐く時鳥」に掛けている。

＊7　差別の事実はみあたらないが、ただ翌明治29（1896）年以降、死を迎える明治35年までに子規が碧梧桐に送った書簡の数は、虚子宛に比べると30：58と約半数で、内容も本の返却要求など事務的なものがほとんどだ。それ以前は、虚子宛より碧梧桐宛の書簡の方が多かった。

＊8　子規は死の半日ほど前に、妹律（りつ）がもつ板の上の紙に「糸瓜咲て……」の句を墨書、咳き込んだ後、左に「痰一斗糸瓜の水も間にあはず」、暫時して右に「をとゝひのへちまの水も取らざりき」の句を書きつけた。辞世はこの一連三句というべきか。律について、司馬遼太郎『ひとびとの跫音（あしおと）上』（中央公論社1981）に「律のこと」の章を設け、やや詳しく記述している。

＊9　獺祭とは、カワウソが獲物の魚を並べる習性をいう。書籍や紙片などが乱れ置かれたようすから、子規自ら、住まいを獺祭屋と称した。

＊10　明治30年、子規療養中に松山で柳原極堂が『ホトトギス』

を創刊。経営不振で翌年、東京に移り、編集人は虚子になるが、実権は子規の手にあった。

＊11　子規は幼名を升（のぼる）といったので、母親をはじめ、親しい仲間は「のぼさん」と呼んでいた。

＊12　虚子は続けて「俳諧師」「朝鮮」など、新聞連載を執筆した。

＊13　三千里は、実際は明治39年8月〜44年7月の旅なのだが、母の病死で40年末から42年春まで中断。本文の旅を第1次行脚、後半を第2次行脚という。第1、2次合わせた三千里の旅は、北は北海道、南は沖縄に及ぶ。

＊14　爨宝子碑は、東晋405年刻。楷書まじりの隷書13行×30字。雲南省南寧出土、現存。晋故振威将軍建寧太守爨府君碑。『中国書道辞典』は、「画の雄 強さ、運筆の飛動に特色があり、素朴さに満ち、天真を極めた逸品」という。中岳（嵩高（すうこう））霊廟碑は、北魏456年刻。楷書23行×50字。河南省登封の嵩山に現存。道士寇謙之の功績を讃えた碑。同辞典は「書は多く隷意を含み、飄逸にして古勁、極めて気品高く、高渾雄大で、筆力沈静、一種森厳な妙趣がある」と高く評価している。

＊15　大正5年作の第2句「物さながら炭割れて快志」が、私の所蔵墨跡の句。

＊16　碧梧桐は、明治39年末『日本及日本人』に移籍。「日本俳句」欄も移る。

＊17　この『碧梧桐句集』（1940年 輝文館）の選句、編集は、亀田小蛄（かめだ・しょうこ）。

＊18　この節に記した言葉は、『明治文學全集56』阿部喜三男の解説から引用。

粟津水棹（1880〜1944）京都市生まれ。碧梧桐の支援者で句友であった大谷句仏門下、碧梧桐にも学ぶ。田中田士英（1875〜1943）長崎市生まれ。日本派。碧虚に師事。新傾向から定型に復帰。室積徂春（1886〜1956）大津市生まれる。子規、紅録門下。

＊19　大野林火（1904〜1982）横浜市生まれ、臼田亜浪門下。1969年蛇笏賞。句集『冬雁』ほか、評論『現代の秀句』『高浜虚子』などがある。

飯田龍太（1920〜2007）飯田蛇笏の四男。1957年現代俳句協会賞。句集『忘音』ほか。蛇笏死去で継いだ句誌『雲母』を

7．河東碧梧桐の書

1992年900号で終刊にした。

参考資料
　沢田大暁編『河東碧梧桐―俳句と書―』（東京堂出版 1982）
　疋田寛吉『書美求心』（平凡社 1990）
　『日本近代文学大事典』第一巻（小田切進他編 講談社 1977）⊃
　　井土霊山の項目
　『日本人名大事典』第六巻（平凡社 1938）⊃守田治兵衛の項目
　『高村光太郎全集 第五巻』（筑摩書房 1957）⊃「書についての漫
　　談」
　『會津八一全集 第三巻』（中央公論社 1982）⊃「東洋文藝雑考」
　『朝日新聞』（2010年3月24日夕刊）宮代栄一「水曜アート」
　『會津八一全集 第二巻』（中央公論社 1982）⊃「書道講義」
　瀧井孝作監修、栗田靖編『碧梧桐全句集』（蝸牛社 1992）
　大須賀乙字選『碧梧桐句集』（俳書堂 1916）
　『子規全集 第十四巻』（講談社 1976）⊃「文學」
　『子規全集 第四巻』（講談社 1975）⊃「明治二十九年の俳句界」
　『子規全集 第十八巻』（講談社 1977）⊃「書簡 一」明治13～
　　28年
　『子規全集 第十九巻』（講談社 1978）⊃「書簡 二」明治29～
　　35年
　河東碧梧桐『子規を語る』（岩波文庫 2002）
　高浜虚子選『子規句集』（岩波文庫 1993）
　高濱虚子『子規と漱石と私』（永田書房 1983）⊃「子規の感じ」
　上田都史『近代俳句文学史』（永田書房 1988）
　坪内稔典『正岡子規の＜楽しむ力＞』（NHK出版 2009）
　明治文學全集 57『明治俳人集』（筑摩書房 1975）⊃「俳句界の
　　新傾向」
　明治文學全集 56『高浜虚子／河東碧梧桐集』（筑摩書房 1967）
　　⊃碧梧桐の俳論
　瀧井孝作『俳人仲間』（新潮社 1973）⊃「六朝書と我輩」
　中西慶爾偏『中国書道辞典』（木耳社 1981）
　堺利彦『文章速達法』（講談社学術文庫 1982）
　平井照敏『俳句開眼』（講談社学術文庫 1987）

上田都史『自由律俳句とは何か』(講談社 1992) ⊃大正2年虚子詠2句
村山古郷『昭和俳壇史』(角川書店 1985) ⊃「俳壇を去る言葉」
復本一郎『佐藤紅録 子規が愛した俳人』(岩波書店 2002)
坂口昌弘『ライバル俳句史』(文學の森 2009) ⊃飯田龍太の言
玉城徹『俳人虚子』(角川書店 1996)
『俳句講座8』(明治書院 1958) ⊃瓜生敏一「河東碧梧桐」
『俳句講座6』(明治書院 1958) ⊃「現代名句評釈」

8. 独楽 (コマ)

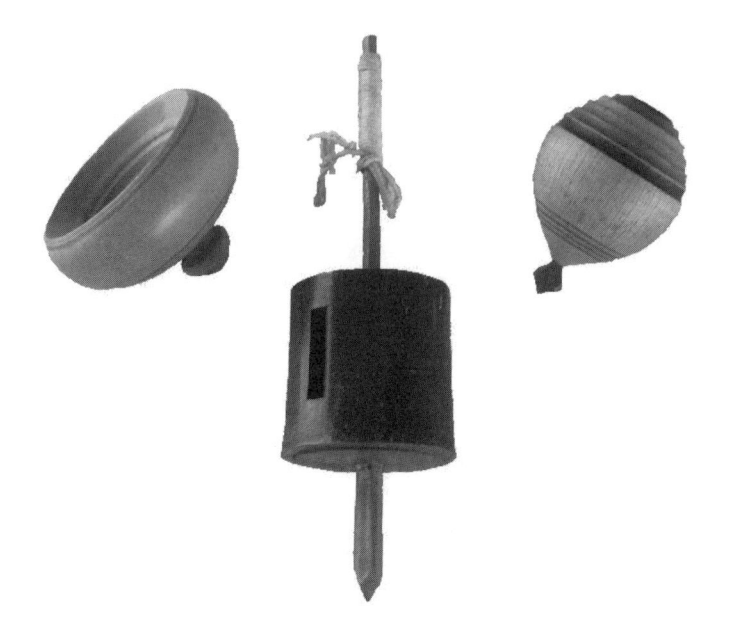

独楽は、これまでの話題とは、性格が少し違っている。骨董を集めるつもりはない、といった私だが、この玩具に限って、長いあいだ収集してきた。それよりなにより、独楽は骨董ではない。古いものもなくはないが、それはごくわずかにすぎない。ほとんどは、集めた時点現在のものだ。ただ、独楽について知る、考えるということでは、骨董の場合とその道すじに、かわりがない。で、ここに載せることにした。

　1968年1月19日から23日まで、ベトナム戦争に参戦した米海軍の原子力空母エンタープライズが、佐世保に入港した。その寄港反対運動は、ベトナム反戦運動、さらには大学闘争が、燎原の火のように全国に燃えさかっていく契機になった、激しいものだった。私は、その取材で佐世保を訪れていた。

　取材のあいまに街を歩いていて、見なれない玩具を目にした。玉葱に脚をつけたような不思議な形をした美しい玩具——「佐世保独楽」と教わった。少年時代、独楽遊びに熱中した記憶がよみがえってきた。が、私が遊んだ独楽とあまりにちがうので、一驚。独楽への関心が、一挙にふくらんだ。独楽は、昭和の子どもなら誰もが遊んだ玩具だ。懐かしい独楽の世界にひかれ、収集と探索が、そこからはじまった。

　最初に疑問をいだいたのは、独楽をコマと読むのはおかしい、ということだった。漢字の音訓からどう読んでみても、納得できない（以後、音を表す場合はコマと表記する）。で

8．独楽（コマ）

は、宛字なのだろうか？

　宛字の可能性を、一応、検討してみよう。宛字には２種類ある。音をあてた宛字と、意味にあてた宛字だ。音の宛字は万葉仮名をはじめ、馬鹿、野暮、歌留多、独逸、英吉利、巴里……など。意味をとった宛字には、祝詞、足袋、百足、烟草、洋袴、洋傘……などがあげられる。前者は、宛字の漢字をみても、意味が通じない。後者は、漢字は音と無関係だが、意味につながりがある。宛字のなかには、外来語もあるが、古い和語、つまり大和言葉が少なくない。

　独楽は、後者のようにみえるが、そのじつ、どちらの宛字にも属さない。独楽をどのように音読みしても、コマという音には結びつかない。意味は、単独で、あるいは一人で、楽しむ、楽をする、ということだから、やはり玩具のコマとは接点がない……ということで、独楽は、普通にいうような宛字でないことは、あきらかである。

　そこで、独楽という言葉がどこからきたものか、一歩一歩、たどってみることにした。

　「独楽」の語は、いつごろ、どんな書に登場するのだろうか。網羅的に古い文献を集めた塙 保己一の『群書類従』正続（1779 〜 1819 年）をざっとみても、はっきりしない。寺島良安が著した挿絵のはいった百科事典『和漢三才圖會』（1712 年）や数多くの史料を集成した『古事類苑』（1896 〜 1914 年）、そのほかさまざまな書を手さぐりで探していったあげく、『倭名類聚鈔』にたどりついた。

　倭は和、鈔は抄と表記した写本もある。略称は『和名抄』。

三十六歌仙の一人 源 順(したごう)が、承平年間（931〜938年）に編纂したとされる、現存、日本最古の分野別百科事典である。『古事類苑』は、さらに古い文献として『日本書紀』巻十四の記事をあげている。雄略天皇8年（5世紀後半ころ）の条にある「高麗王即發 軍兵 、屯 聚筑足流城 、遂歌舞興 樂」のなかの「樂」を、コマと訓じているのだ。しかし、この訓読には否定説が多い。最後の「樂」を含む2字は、素直に「音楽（器楽や声楽）」あるいは「楽しみ」に興ず、と読んだほうがよい、と私も思っている。

そんないきさつがあったうえで、独楽を載せた古い書を追い求めて、私が手にしたのが、『倭名類聚鈔』だった。伝世する和名抄には、十巻本、二十巻本など何種類かの異本がある。しかし「独楽」の記述には、補筆などによる多少の相違はあるものの、本質的なちがいはない。ここでは、参考資料にあげた二十巻本にしたがって、話を進める。

和名抄は、漢和辞典の形式「見出し（漢語）―出典（文献、用例）―発音（和語＝万葉仮名）―意義、解説（漢文）」の順序にしたがって、各項目が記載されている。なにはともあれ、『和名抄』巻四 雜藝具 四十五 に載っている「独楽」の項目を見てみよう。

　　獨樂　辯色立成云獨樂　和名古末都玖利　有孔者也

万葉仮名で記された「和名古末都玖利」の音から、日本語で「コマツクリ」と呼んでいたことがわかる。また、その前に書かれていることから、出典は『辯色立成』という書であ

8. 独楽（コマ）

ることもわかる。

　弁色立成は、藤原佐世（すけよ）が勅命によって891（寛平3）年ころに編んだ外来書一覧『日本國見在書目録』に載っている。この目録の「三十 雑家」のなかに「辯色立成一」と明記されている。一は部数か巻数だろう。

　『日本國見在書目録』に収録されているということは、『辯色立成』が中国から渡来した漢籍である、ということだ。漢籍に独楽という文字が使われているなら、問題はない。独楽は漢語であり、中国からの外来語である、と決まって一件落着である。

　ところが、そうはいかない。中国語、つまり漢語では、コマは「陀螺（陀羅）」と書き、「独楽」と記した例はない。陀螺の螺は巻貝のことで、陀の字義も傾斜した錐状の形を意味し、日本のベーゴマ（貝独楽）を連想させる文字からなっている。したがって、陀螺は、すんなり、この玩具をあらわす漢語、と了解できる。だが、繰り返すが、中国では、コマを独楽とは書かない。

　話がややこしくなってきた。和名抄では、漢語にない「独楽」を漢語あつかいしている、という矛盾にぶつかった。問題は、和名抄というより、出典である『辯色立成』にありそうだ。じつは弁色立成について、和名抄にことに引用が多いこともあってか、わざわざ和名抄序文にとりあげられ、論じられている。いったい、何を論じているのか。

　『倭名類聚鈔』の序のなかに、次のような文章がある。原文は、句読点もなにもない、漢字が羅列した漢文である。句

181

読点、訓点は、すぐ後に出てくる賀茂真淵「開題記」にしたがって付した。

まず第1に「適可レ決=其疑=者、辯色立成、楊氏漢語抄」。第2に「辯色立成、十有八章、與=楊家説=名異實同。編録之間頗有=長短=。其餘漢語鈔、不レ知=何人撰=」。第3に「若=本文未詳=則直擧=辯色立成、楊氏漢語抄、日本紀私記=」などと、記されている。

わかりやすい文章になおしてみよう。第1文節：まさに疑惑を解決しなければならないのは、弁色立成と楊氏漢語抄である。第2文節：18章からなるという弁色立成は、楊家の説（楊氏漢語抄）と名は異にするが、実は同じ書である。両者の編集内容をみると、文に著しく長短がある。その楊氏漢語抄は、誰の撰によるものかわからない。第3文節：（出典のなかで）もし本文がくわしくわかっていない書があるとすれば、ただちに、弁色立成、楊氏漢語抄、日本紀私記があげられる。

この文章から、弁色立成は楊氏漢語抄と同一書らしいが、両書ともに不審なことが多い、と当初から疑惑がもたれていたことがわかる。

この和名抄の序について、賀茂真淵が1811（文化8）年に著した『古史徴』のなかで、詳細に読解し、論評を加えている。『古史徴』一之巻冬 にある「開題記」から、該当するところを摘記してみよう。原文では、前記、序の第1、第2文節を引用し、それに続けて真淵が小字で注釈を加える構成になっている。和名抄序の漢文は完全に重複するので省略

182

8. 独楽（コマ）

し、そのあとに続く真淵の注釈だけを引くことにする。

「（第1文節）此二書、倭名抄に引用たるのみにて、今世に傳はらず、……楊氏漢語抄と云は楊梅大納言顯直卿、と云ひし仁の記されたる書なること知られたり」。「（第2文節）辯色立成と、楊氏漢語抄とは、名は異に實は同書なれども、其編録せる狀を見れば、文に長短ありと云るにて、互に詳略ある由と聞ゆ。そは本文に、或は辯色立成といひ、或は漢語抄とて引たるに依て其文法を見て辯ふべし」。

真淵のいっていることを、以下にかみくだいて書きなおしてみよう。

弁色立成と楊氏漢語抄の二書は、和名抄に引用されているだけで、現存しておらず、実在にも疑問が残る。だが、調べたところ、楊氏漢語抄は、楊梅大納言顕直という人の著作、つまり和書だとわかった。辯色立成と楊氏漢語抄は、文に長短、詳略はあるが、同一書である。和名抄は、両書を適当に引用しているから、文章をみて判断したほうがよい。

ただしここでは、楊梅大納言顕直がどのような人物かよくわからない。

真淵のいうように、『辯色立成』が、和書『楊氏漢語抄』と同じ本だとするなら、『日本國見在書目録』の記載は、いったいどういうことなのか。この目録に和書が誤って混入したという説もあるが、古辞書の研究者である川瀬一馬は、あくまで『辯色立成』は漢籍であるとして、真淵説に否定的な見解を述べている。

この両書の混同は、書写を通じて生じたことではないか、と私は推測している。漢籍『辯色立成』と和書『楊氏漢語抄』

といった同種の辞典を書写するときには、双方並べて、対照しながら写すことがよくある。そこで、両書を混同したり、意識してわざわざ転載することがある。あるいはまた、書写が繰り返されるあいだに、誤写したり、追補したりすることも、しばしば起こる。書写の過程で、和製漢語が弁色立成にまぎれこんでも、いっこうに不思議ではない。

　和名抄を読んでいると、それを裏づけるような記載にぶつかる。和名抄にいろいろな写本があることは前に述べたが、それらを見比べると、後代の写本になるほど補筆がめだち、いたずらに記述が長くなっていたりする。写本は、つねに原本に忠実であるとはいえないのだ。

　独楽が和語であるとしても、独楽をコマと読むのは、なぜか？　これまでの論議からは、この答は出てこない。その前に、和名抄によれば、独楽はコマでなく、平安時代には「コマツクリ」と読んでいた。それを、コマと呼ぶようになった経緯から、考えてみる必要がある。いうまでもなく、「コマ」は、言葉の後半部「ツクリ」を略した短縮形である。

　話はかわるが、私は、佐世保独楽に魅せられて以来、全国各地の独楽を集めてきた。形状、彩色、廻し方、遊び方……じつに多種多様で、見ていても廻しても、あきることがない。
　秋田や青森など東北地方で独楽をさがしていたときに、独楽が「ヅクリ」「ヅグリ」などと呼ばれていることを知った。濁音になるのは訛りとして、これは、まさに略された語尾部分そのものではないか。

8. 独楽（コマ）

　そういえば、柳田国男の『方言覺書』に「ヅグリといふ獨樂」という一編がある。そのなかに、秋田、男鹿、南部地方のほか、南信濃でもヅグリといい、佐渡や越後でヅングリ、越中五箇山などでツングリという、と記されている。これらは、根が同じ語である。和名抄の数ある異本のなかには「和名古末都玖利」のほかに「都无求里此間云」の文字が書き加えられているものがある。場所によるのか、時代によるのかはともかく、独楽を「ツムグリ」ともいったことが、この補筆からわかる。

　柳田は続けて、独楽が宮城県北部でドオグリ、そこから岩手県南端にかけてドングリと呼ばれていることを述べている。また、木の実のドングリの方言ヂダンボウが、武蔵と下野(しもつけ)が接するあたりで、独楽の呼び名になっていることも記している。こうしたことから、独楽と木の実のドングリが、ヅグリの語源につながる、と論を展開している。

　語源については、ここでは言及しない。たいせつなのは、柳田の「倭名鈔以下の都无求利又は都不利が、曾(かつ)ては一般の日本語であり、……」という指摘が、私が帰着した考えに一致していることだ。

　つまり私の考えは、ヅグリ、いいかえれば都玖利などの一連の語こそが、玩具の独楽をさす本来の日本語であって、コマというのは、後世になって付けられた形容接頭辞である、ということだ。「東北地方には、古語が原型のままよく遺っている」と、国語学でいわれてきた。この言説も、私の推論を支持する根拠となろう。

　1830（文政13）年に喜多村信節(のぶよ)が丹念に近世の風俗・事

物を記録した『嬉遊笑覽』の「獨樂」の項に「……獨樂をツムクリともコマツクリとも又コマツフリともさまざまに稱へしなり そをはぶきてコマといふ」「古末といふハもと高麗より渡りしものなるにや……」と記している。

『倭名類聚鈔』巻五「武蔵國」の項に「高麗 古末」との記載があることなどからも、私はすでに、同じ考えをもっていた。コマは、狛犬などと同様に、朝鮮半島から渡来した舶来品をあらわす形容として冠されたにちがいない。そしてのちに、本来独楽を意味していた和語（ツクリ）の部分が抜け落ちて、接頭辞（コマ）だけが残った、と考えられる。

このような言葉の省略形といえば、いくつか今風の類似例をあげることができる。スコッチといえば、何をさすか？答えは誰でも知っている。ウイスキーだ。味と香りに秀でたスコッチウイスキーは、スコッチ（スコットランドの）と地名をいっただけで通じる。肝心のウイスキーの語は、どこかに消えてしまった。しかもこれは、ほとんど世界中で通用する。ブランデーでも然り。コニャックという地名をいえば、芳香を放つブランデーが目の前に出てくる。嗜好品以外でもデニム（ニーム、では de ）、コロン（ケルンのフランス語、オーデコロンの短縮形）など、産地名がそのまま品物をさす例は、いくらでもあげることできる。

高麗渡来の独楽のすばらしさが、もとの名称を変え、ついには乗っとってしまったのも、同じ推移をたどった言葉の変遷であろう。舶来文化に弱い日本人の通性もまた、これを助長したかもしれない。

8. 独楽（コマ）

　和名抄「獨樂」の最後にある説明、「有孔者也」の検討が、まだ残っている。孔があるもの？　独楽に穴があいていたかと疑問をもたれるかもしれない。『和漢三才圖會』は、獨樂の項の説明文冒頭に、和名抄の文をそのまま掲げている。そして項目の上に、この事典の特長である挿絵、竹の「鳴り独楽」の図を載せている。

　竹の節間を切って、上下をふさいだ木の板のふたに心棒をとおし、竹の胴に縦に細長い長方形の孔をあけたものだ。この独楽を紐で廻すと、ブーンという音を発する。鳴り独楽である。これが高麗伝来の独楽で、形、音とも、それまで日本になかった珍しい独楽だった。

　それ以前の日本には、本来の陀螺に相当するツクリという棒の先に結んだ紐で叩いて廻す円錐形の独楽しかなかった。ツクリは、自然の巻貝や木の実からはじまって、工夫をこらして木を削って作られた。この円錐形をした叩き独楽（鞭(むち)独楽）は、世界各地に共通する独楽の原型といってよい。エジプトのカイロ国立博物館や大英博物館で、テラコッタ製や木製の叩き独楽を、実際、見たことがある。

　そんな素朴な独楽しかなかったところへ、手のこんだ細工をほどこした独楽があらわれたのだ。そのすばらしさに驚嘆したことだろう。

　現在では、『和漢三才図会』の挿絵そっくりの宮崎県佐土原の「神代こま」など、同じような竹の鳴り独楽が、日本各地で作られている。また日本では、木地師の技術が進むと、木を刳(く)り抜いた胴に穴を開けて作られた鳴り独楽も出現する。いまも東北では、こけしと一緒に、この種の木の鳴り独

楽が売られている。

　竹の鳴り独楽には、陀螺とは別の中国名がある。「惜千千」という。宋代には、「千千」と書いた例もある。現在使われている鳴り独楽を総称する中国語は、「空鐘」である。ただし、これらの鳴り独楽をさす漢語は、陀螺に比べて、ずっと後世になって使われるようになったものだ。

　以上、和名抄の記載に関しては、「孔のあるもの也」まで、一応、解釈がついた。ところが、これまであげてきたコマをさす陀螺などの漢語や和語をどうながめても、独楽という文字にはつながらない。

　独楽、この漢字が難問である。一人楽しむ、の意か？　独楽を廻して無聊をなぐさめる孤独な姿……と、ある人物が浮かんでくる。901年、藤原時平の讒言によって、太宰府に追いやられた菅原道真である。

　佐世保こま本舗のパンフレットに、「一般に愛玩せられたのは菅原道真公が九州太宰府へ落ちてより持ち伝えられた」とある。ほかの冊子でも、道真が独楽をなぐさんだという話を読んだ記憶があるが、いずれも巷説にすぎない。だが、「飛び梅」ほどではないにしても、独楽と道真の結びつきは、かなり流布した伝承といってよい。その真否を問わず、道真から「独楽」の語が生まれたとするのも、一興かもしれない。

　平安時代、独楽と呼ばれる舶来の高級玩具を手にできたのは、まず貴族階級だったであろう。高級官僚として彼らは、漢字を使う中国語や朝鮮語の習得が必修だった。読解だけで

8．独楽（コマ）

はなく、発音も学んだ。奈良から平安時代の中国で用いられていた漢字音は、中古音（6～10世紀）といわれる。ここで、文字ではなく音から、陀螺と独楽を比べたらどうなるか、と思いついた。

中古音の発音では、陀 da、螺 lua、独 duk、楽 lak、ということになっている。さて、この陀螺と独楽がどれくらい似た発音になるのか、中国語にくらい私には判断できない。だが、中国語をかじった誰かが、道真伝説と陀螺に近い発音をもつ漢字熟語、という2本の線を強引に結びあわせた結果、独楽の文字を見つけだし、流布させた、と想像できないだろうか。

ここまでくると、音の類似という思いつきが、なんとか仮説の域にまで立証できないか、と私のなかで期待がふくらんでいった。

ついでに「羅」についてふれておこう。羅の中古音は la だ。だが、現代中国語では、螺・羅、いずれも同じ音、luə になる。したがって、螺と羅の混用は同音ということからきたもので、陀羅は、かなり新しい時代になってからの用語、と思われる。羅の原義は網で、そこから派生して薄物などの意味がある。語義からいっても、螺が本来の用字だったとみるべきだ。したがって、以後、陀に続く漢字としては、羅をとらず、螺について考えていくことにする。

音の類似性に、どれほど厳密さを求めるか、この判断が難しい。和製英語やおかしなカタカナ語の氾濫をみていると、厳密性など、さほど重要ではない……などと、つごうのいいように考えたくなる。

突然だが、ここで、クイズに挑戦していただこう。柿本人麿のなかで、ちょっとふれた万葉仮名の問題だ。なかなかの難問である。

　問：「馬声蜂音石花蜘蟵」。これ、どう読みますか？
　ヒント：『万葉集』巻十二にある歌の一部の万葉仮名。蜘
　　　　　蟵は、蜘蛛(くも)のこと。石花は注＊1。
　答：「いぶせくも」と読みます。＊1

　馬声を「イ」、蜂音を「ブ」と読む？　ちょっと待った。馬のいななきは「ヒン」、蜂の羽音は「ブン」ではないのか。
　じつは当時の日本語には、子音「h」音がなかった。hi の発音ができないので、「i」と発音したのだ。フランス語のように……。また「ン」音も、漢語や梵語にはあったが、日本語の音にはなかった。ヒンが「イ」に、ブンが「ブ」となったのは、そういうわけだった。それで万葉仮名で「イ」に馬声を、「ブ」に蜂音をあてたのだ。
　このクイズは、前にも登場いただいた、国語史、ことに音韻史の権威であった橋本進吉の著書『古代国語の音韻について』の導入部に出てくる話を拝借したものである。
　この書で展開されている橋本説にしたがって、独楽の発音について再考してみる。上代日本では、中国語と違って m、n、ng や p、t、k といった子音で終わる言葉がなかった。外国語を話すときには発音したとしても、日本語では、どうしても語尾の子音を発音することができない。しいて発音しよ

8. 独楽（コマ）

うとすれば、わざわざ u や i などの母音を後につけて「南、覧、楽」を「ナム（ナミ）、ラム、ラク」、「散、干、郡」を「サニ、カニ、クニ」などと、発音するしかなかった。

独楽は、前述のとおり当時の中国の発音は（duk lak）で、独も楽も語尾が、子音（k）で終わる。日本式に無理に発音すれば「ドゥクラク」となって、現在の音読みとあまり変わらない。

しかし、馬がイと啼き、蜂がブと飛ぶ伝でいけば、独楽の音は「ドゥラ」となる。こう発音すると漢語の陀螺の音（da lua）に、さらに近くなる。陀螺と独楽を結ぶ中古音にもとづく私の推論は、橋本説によって補強されたといってよい。

以上のことを友人に語ると、「当時、日本と交流の深かった朝鮮における漢字の読みを考慮すべきでないか」との意見が出された。調べたところ、朝鮮の発音は「独楽」「陀螺」の順に、(dok、lak あるいは ta)（da、la）となることがわかった。朝鮮音について考えてみても、独楽の日本音「ドゥラ」と、陀螺の朝鮮音（da la）とは、よく似た発音になるといってよいだろう。

結局、中国中古音の検討から導かれたのと、それほどちがわない結果になった。漢字の朝鮮音からみても、私の仮説は否定されることはなかった。

独楽の文字といえば、私の仮説につながるもう一つの思いつきである「菅原道真起源」説についても、さらに調べを進めたが、こちらは確証をえられなかった。道真の伝記の底本

191

となっているのは、菅原陳經の『菅家御傳記』である。これは、主として官位の履歴を記載したものだ。後世の伝記の官歴にかかわる記述以外は、ほかの史料から推測したもの、あるいは、はっきり脚色といってよい。

また、太宰府でのようすを伝える資料は、道真自身が詠んだ漢詩38篇を収録する『菅家後集』しかない。ここには、悲惨な流謫生活がせつせつと詠まれている。「不出門」と題した詩「……観音寺只聴鐘聲。中懷好逐孤雲去。外物相逢満月迎。……」、「九月九日口號」の題をつけた詩「一朝逢九日。合眼獨愁臥。菊酒爲誰調。長齋終不破」、また「梅花」という題の詩「……知花獨笑我多悲」など、病身で接する鐘声、月、菊酒……に、孤独をかみしめる悲愁がみちている。

漢詩全体を通読すると、「獨」という文字が目につくのは、当然である。しかし、獨樂という文字も陀螺という文字も出てこない。現在、傍証史料を駆使して信頼がおかれている、坂本太郎の著した道真の伝記にも、独楽は登場しない。

結局、道真が独楽遊びに孤独をいやした、とする確たる資料は、残念ながら見つけることができなかった。

余談・その6。高瀬千図の小説『道真』に、道真がまだ阿呼と称した少年時代、後に妻となる宣来子の家で雛遊びに誘われた場面で「……門下生の一人が青竹でこしらえた唐独楽を持ってやってきた。独楽もいささか子供じみていると思ったものの、雛遊びよりはましだった。阿呼は見ている宣来子の前でわざと独楽を回してみせた」という描写がある。

小説のなかは、この独楽を唐独楽といっている。私は「唐

8. 独楽（コマ）

独楽」という呼称は、鳴り独楽をさす江戸時代の言葉と考えているので、ここで用いるのは不適切と思うが、和名抄が説明している「有孔者也」には一致している。しかしこれは、太宰府追放はるか以前の出来事であり、しかも著者が想像した情景にすぎない。

ところで、私の友人たちから、独楽の文字は「独り立って楽しむが如く、回転する姿を表すのではないか」という意見がよせられた。

また、千利休ゆかりの「獨樂庵」という茶室がある。樫崎櫻舟は、庵名の由来を「茶室の太柱を独楽の心棒に見立て、静かに揺るぎなく廻る独楽の姿に思いをいたし、この名を付けた」と推測している。

これらの説には、コマに対する共通意識がうかがえる。コマが揺るぎなく回転する姿から、独楽の文字を連想したという認識だ。

独楽が微動だにせず、すっくと立って回転するようすは、たしかに万人をひきつける魅力をもっている。美意識だけでなく、科学心をも刺激する。独楽、つまり回転体の力学は難解だが、魅力的である。量子力学にも、スピンなど重要な概念にあらわれる。また古典力学でも、歳差運動やニールス・ボーアほか多くの物理学者の関心をひいた「逆立ち独楽」の力学といった興味深いテーマを提供している。

独楽が微動もせずに回転する状態を「澄む」という。これを「眠る」というのは、熊本地方の方言とされるが、私も子どものころ、「眠る」といって、静止しているように回る独

楽に見いったものだ。おもしろいことに英語でも、この状態を「sleep」といい、「sleep like a top」という慣用句もある。

　このように回転する状態から連想して、コマに独楽の文字を宛てた、という説には、いまは正否を決めるだけの根拠をもたないので、態度保留としておく。

◇

　話題をかえて、ここで俳句の世界をのぞいてみたい。もちろん独楽を詠んだ俳句のことである。

　　一片の雲ときそへる独楽の澄み　　　　　（夕爾）
　　空気引しぼりて独楽の廻り澄む　　　　　（一歩）

　いずれの句も独楽が「澄む」句だ。私は、独楽の句、ことに「澄む」と詠んだ句に出あうと、秋を連想する。澄んだ秋空からの連想ばかりではない。上にあげた二つの句の情景を想い描くと、誰しも秋の印象をいだくのではないだろうか。ところが、歳時記をみると、「独楽」は、ご存じのとおり「新年」とか「冬（１月）」の季語となっていて、上にあげた句も、その季の部に収められている。

　雪国育ちの私には、独楽は正月の遊び、という記憶がない。むしろ、春から初夏、あるいは秋、なかんずく天高く晴れわたった秋日、独楽遊びに熱中した思い出があざやかによみがえってくる。北陸という地域性がもたらす偏見にすぎないのだろうか。どうも合点がいかないので、季語「独楽」の来歴

8．独楽（コマ）

を追ってみることにした。

　古い歳時記をひもといてみると、新年の季語に「独楽」が出てこない。明治、大正はおろか、昭和もほぼ1桁までに出版された歳時記には「独楽」は、季題にあげられていない。
　私が通覧したかぎり、独楽が載っている最も古い歳時記は、高浜虚子編、1934（昭和9）年11月15日刊行の『新歳時記』（三省堂）であった。虚子は、正岡子規を継承して句誌『ホトトギス』を主宰し、新旧季語の取捨選択を行ったことで知られている。この『新歳時記』の「冬（1月）」の季語に「獨樂」がある。だが、例句はない。
　例句が登場するのは、同じく虚子編『改訂 新歳時記』（1940年 三省堂）が、最初である。その句は、以前に出てきた「たとふれば獨樂のはぢける如くなり」という虚子自身の句だ。「碧梧桐とはよく親みよく爭ひたり」と前書がある河東碧梧桐を追悼する句であることも、以前にふれた。碧梧桐の死は2月1日だった。作句は、当然その後だ。いずれにしても、新年（1月）とは、なんのかかわりもない。

　もっと過去にさかのぼってみよう。明治以降の俳句界にもっとも強く影響をおよぼした俳句誌『ホトトギス』を読みかえして、独楽の俳句が載っていないか、探すことにした。『ホトトギス』は、正岡子規を中心に、1897（明治30）年に松山で創刊され、翌年、発行所を東京に移し、虚子が編集にあたった。第8巻から夏目漱石の「吾輩は猫である」を連載、文芸誌として黄金時代を迎えるのだが、俳句を排除

していたわけではない。1912（大正元）年9月発行の第15巻12号を最後に、文学への傾斜を修正して、再出発する。ここまでが、ひと区切りとなっている。

　そこで、『ホトトギス』創刊から第15巻までを精査した。この間、独楽の句は、ただ1句しか掲載されていなかった。「冬空」の兼題で募集して、第13巻3号（1909年12月1日発行）に採択された句だ。

　　　溝に走る獨樂の勢や冬の空　　　　（冬木）

　この句が、その唯一例だった。当時は、子どもの遊びなど、季語に入っていなかったのだろうか。そんなことはない。例えば「[追、遣]羽子[板]」「凧（紙鳶）」の句は『ホトトギス』に数多く載っているし、「歌留多（歌骨牌）」「双六」などは、古い歳時記にも記載されている。これらすべて、季は新年である。『ホトトギス』から、この事実をしめす句や文章のほんの一部を、次ぎに摘出しておく。

第1巻2号「切れ凧の広野の中に落ちにけり（子規）」
　　　　「午過て遣羽子淋し塀のうち（牛伴）」
第1巻12号［歳旦］句「元日や漸々動く凧（嵐雪）」
第3巻4号［新年雑記］子規「復新年を迎へた。うれしい。紙鳶をあげて喜ぶ男の子、善き衣著て羽子板かゝへて喜ぶ女の子、年玉の貰ひをあてにする女髪結、雑煮が好きで福引が好きでカルタが好きで……」

8. 独楽（コマ）

　最後の子規の新年雑記をみても、独楽だけが出てこない。第6巻5号に載っている投稿写生文の新年風景を読んでも同様。少なくとも明治時代には、独楽が新年の季語にはなかった、というより新年の風物になっていなかったようだ。ここでもう一歩踏みこんで、江戸時代の季語を調べてみよう。

　和歌、連歌以来の伝統を受けついできた季語は、「季節（季語）のひとつも見つけたらんは、後世のよき賜（たまもの）」と語った芭蕉の俳諧以後、急速にその数を増していった。虚子も手にした曲亭馬琴の『俳諧歳時記』をもとに、藍亭青藍が『増補俳諧歳時記栞草（しおりぐさ）』を1851（嘉永4）年に刊行、歳時記の決定版とうたわれた。

　『栞草』の季語数は3467。この中に「獨樂」も獨樂を含む季語もない。が、興味深い季語があった。［秋之部（九月）］の「海贏廻（ばいまわし）」だ。季語のあとに続く説明を引用してみよう。
　［日次紀事（ひなみきじ）］「この月九日、小児小石を以て、海螺の殻を穿ち、鉛を鎔して殻の内へ入れ、或は州浜飴（すはまあめ）を殻の内へ充（つめ）て、其力を助け、各緒を以て海螺を纏ひ、勢に乗じて、臺中に投入れ運転せしむ。その力つよきものは、其力弱きものを盆外に出（うち）す、互に勝負を争ふ也。これを海贏撃といふ。席（むしろ）の両端を巻てこれを盆といふ」。次ぎに［和漢三才図会］を引いているが、省略する。
　この海贏（バイ）が「ベイ」となり、さらに「ベー」に訛（なま）って、ご存じ「ベーゴマ」となる。つまり、この季語は、ベーゴマの元祖をさしており、独楽遊びの一種をあらわしている。[*2]

197

余談・その７。ベーゴマは元来、海贏貝で作った独楽だったが、私たちが知っているのは、鋳鉄製だ。いつ、なぜ、鉄のベーゴマがあらわれたのか？　第一次世界大戦で、欧米では鉄製品の輸出に手が回らなくなった。そこで日本の鉄製品が世界市場に躍り出た。キューポラの街・川口の鋳物業も輸出が急増し、急成長した。ところが、大戦が終わり欧米の鉄工業が復興すると、日本の輸出が激減、鋳物業は大打撃をこうむる。窮余の一策として、川口で鋳物の新しい需要を求めて、ベーゴマを作るようになったのである。

　余談・その８。ベーゴマと戦争、もう一話。第二次世界大戦さなかの日本では、鉄の独楽で遊ぶなんてとんでもない、という状況を迎える。あらゆる金属が、家いえの隅ずみから強制的に供出させられた時代だ。そこで今度は、鉄に代わって、ガラスや陶器のベーゴマが登場した。

　話をもどす。古い歳時記を読みあさっていたとき、明治末に出版された『新修歳事記』が、『栞草』の「海贏廻」をそっくりそのまま転載していることに気がついた。『日次紀事』『和漢三才図会』の引用まで同じだ。さらに、「バイマハシ（人事）海贏廻し」と同じ［秋之部］の季語に、「コマアテ（人事）獨樂當」の語が載っているのを見つけた。この季語に続く説明文を引いてみる。

　「獨樂は高麗螺の義にして、高麗より渡れるものにて、海贏廻を本とせるものなるべし。…中略…　毎年十月頃より冬の初にかけて小兒等集りて、獨樂を廻はし、相撃ちて勝負を争う、之を獨樂當といふ。……」

8. 独楽（コマ）

　高麗螺の当否はさておくとして、後ろに「当て」とつくものの、ここでは「独楽」が秋の季語に入っている。これは、古い歳時記で、私がはじめて出あった季語としての「独楽」の文字だった。

　そうなると、なぜ虚子が、「独楽」をあえて「1月」、いいかえると「新年」の季語にしたのか、という疑問にぶつかる。虚子以後の歳時記は、すべて虚子の説に追随している。

　ここまで、独楽遊びにふさわしい季節は、体験的にも資料的にも「秋」だ、と語ってきた。ところが、句の情景が四季いずれを詠んだものであっても、「独楽」が出てくれば、現在の歳時記では新年句に分類される。得心がいかない。その一方で、私たちの頭のすみに「いや、独楽はやはり正月の遊びだ」との思いがないだろうか。それは、なぜか？

　まっさきに脳裏に浮かぶのは、童謡「お正月」である。

　　もういくつねるとお正月
　　お正月には　凧あげて
　　こまをまわして　遊びましょう
　　はやく来い来い　お正月

　――老若男女、知らない人がないくらい人口に膾炙し、独楽といえば誰もがすぐに思いうかべる童謡だ。東くめ作詞、滝廉太郎作曲、1901（明治34）年刊『幼稚園唱歌』に発表された曲である。当時の唱歌集が単音無伴奏が普通だったが、この1冊には簡単な伴奏がついていた。やさしい言葉とあいまって、またたくまに、子どもたちだけでなく、親や

先生のあいだでも人気をはくした。

その後、大正年間に童謡が流行し、この曲の普及に拍車をかけた。流行の背景にあったのは、言文一致唱歌の推奨運動であった。「お正月」は、まさに推奨されるにふさわしい曲だった。堀内敬三、井上武士は「『鳩ぽっぽ』、『お正月』、『ほうほけきょ』などは小学校でもよく歌われた」と解説に書いている。「お正月」は、幼稚園の垣根をこえて、年長の子どもたちにも愛唱される曲になっていた。

さらにのちの軍国教育一辺倒の国民学校時代ですら、1941（昭和16）年の初等科第一学年用『ウタノホン』に、キミガヨ、ヒノマルなどと並んで、「オ正月」が入っている。時の風潮に左右されることなく長く歌われつづけたこの国民的童謡のひろがりから、「独楽＝新年」という感覚が定着していったにちがいない。

　虚子が、独楽を「冬（1月）」の季語に入れた根拠は、よくわからない。だが、虚子は「歳時記」と題した一文に「私たちが俳句を作り初めた頃には曲亭馬琴の拵えた歳時記が一つあったばかりで、……俳書堂主人籾山梓月君の発意から中谷無涯氏に嘱して『新修歳時記』一冊が発行された」と書いているから、秋の季語に「獨樂當」が載った歳時記を、虚子が見ているのはたしかだ。それにもかかわらず、独楽の季を変えたということになる。＊3

また、同じ「歳時記」文中に「……俳句を写生するのに格好な季寄を新選する必要がある……」と、『新歳時記』編纂にいたる動機を記している。さらに虚子は、『新歳時記』と

8．独楽（コマ）

題した文章のなかで「いい句を集めるということがむずかしいのだ。……その句集を編むのと同じ意味で季題の選択ということに重きを置いた」と書き、季語の取捨選択につとめたことを強調している。しかもそのすぐ後に、火焰樹、赤道祭など、これまで俳句と縁がなかった「熱帯季題」を採りいれたい、と語っている。ここには、新しい試みに積極果敢に取りくむ意気ごみが横溢している。

　このような虚子の季語に対する積極的な改革意識が、独楽の季を移した背景にあったのではないか。時期を重ねるように、童謡「お正月」が愛唱されるようになり、広汎に流布していたという状況があった。「お正月」が作りだした「独楽＝新年」という連想が、虚子の判断とまったく無関係とは思えない。独楽の季に童謡が影響を与えた、ということは、じゅうぶん考えられるのではないだろうか。

　ゆきついたいくつかの私説……老いの一徹が描きだした迷妄の世界か。楽しみにふけっていたおりもおり、蕉門十哲の各務支考が、66歳のときに詠んだ句に出あった。私は、この支考の歳さえ過ぎてしまったが、なにか鏡のなかの自分にあったような不思議な感慨にとらわれた。

　　気みじかし夜ながし老いの物狂い

　振り返ってみると、独楽とのつきあいは、半世紀以上の長きにわたる。これだけの年月をへても独楽への執着が残っているとすれば、もはや「老いの物狂い」というべきかもしれ

ない。

　それにつけても、さまざまな書に新しい知見を求め、謎が謎を呼び、考えをこらし、さらに諸書に遊ぶ……かくも楽しい時間を過ごすことができたことを、多くの先人に感謝しなければならない。

注
　＊1　「石花」は「セ」と読む。セという和名は、カメノテの古称。岩に付いた花のような形から宛てられた文字。
　＊2　馴染みのない「海蠃」の2字目の漢字の羊部を、貝とする歳時記（『新修歳事記』など）や女とするもの（高木蒼梧編、1930年刊『俳諧歳事記』など）がある。虚子の歳時記では、この羊部が虫になっている。ここでは「蠃」などではなく、『栞草』に記載されている漢字「蠃」に統一した。
　『日次紀事』は、黒川道裕著、延宝4（1676）と貞享2（1685）年の序がある。年中行事を記載した12巻からなる書。
　＊3　中谷無涯の『新修歳事記』の表題は、歳時記ではなく、歳事記となっている。虚子の「歳時記」にある誤りは、引用時の不注意によるものであろう。この表記から季語の起源が、季節行事の歳事にあったことがうかがわれる。

参考資料
　正宗敦夫編『倭名類聚鈔』（風間書房 1970）
　寺島良安『和漢三才圖會』（東京美術 1970）
　『古事類苑 遊戯部』（吉川弘文館 1979）
　日本古典文学大系67『日本書紀 上』（岩波書店 1967）
　塙保己一『續群書類從　三十輯下』(1932)⊃『日本國見在書目録』
　『新修 平田篤胤全集』［第五巻］（名著出版 1977）⊃『古史徴』
　川瀬一馬『増訂 古辞書の研究』（雄松堂出版 1986）
　柳田國男『方言覺書』（創元社 1942）
　喜多村信節『嬉遊笑覽』［下巻］（名著刊行会 1970）
　増田弘、大野敏明『古今各国「漢字音」対照辞典』（慧文社 2006）

8. 独楽（コマ）

橋本進吉『古代国語の音韻に就いて』（岩波文庫 1980）
塙保己一『群書類従 第二輯』（1932）⊃『菅家御傳記』
塙保己一『群書類従 第九輯』（1932）⊃『菅家後集』
坂本太郎『菅原道真』（吉川弘文館 1962）
高瀬千図『道真（上、下）』（日本放送出版協会 1997）
樫崎櫻舟『利休ゆかりの茶室 獨樂庵物語』（講談社 2007）
S・ローゼンタール編、豊田利幸訳『ニールス・ボーア』（岩波書店 1970）
『日本方言辞典』（小学館 1989）
水原秋桜子編『歳時記』（大泉書店 1957）⊃夕爾の句
稲畑汀子編『ホトトギス 新歳時記』（三省堂 1986）⊃嶋田一歩の句
石寒太『「歳時記」の真実』（文春新書 2000）
曲亭馬琴、藍亭青藍補『増補 俳諧歳時記栞草（上、下）』（八坂書房 1973）
中谷無涯編『新修歳事記』［秋之部］（俳書堂 1909）
堀内敬三、井上武士『日本唱歌集』（岩波文庫 1958）
高浜虚子『俳談』（岩波文庫 1997）⊃「歳時記」

おわりに

　骨董と銘打っていながら、骨董に関することがほとんど書かれていないじゃないか、羊頭狗肉だ、とおっしゃらないで下さい。骨董市などで買った古いものに触発されて、いつのまにかのめりこんでいった私の楽しみを、ただただお伝えしたかったのです。
　最初は、調べたことを、備忘録のつもりで書きとめていました。そうしているうちに、次第に私のなかで、ミステリーに通じる楽しみがわいてきました。謎にぶつかって、それを何とか解いてみたい……という面白さに、夢中になっていったのです。
　こうして積みかさなっていった備忘録を、自分勝手に面白がって、迷惑もかえりみず、少数の親しい先輩や友人に送りとどけるようになりました。『獨攷獨樂』と名づけた私信です。『獨攷獨樂』は、数年にわたって続き、15回を数えました。それをずっと読んでいただいていた海鳴社の辻 信行さんから、一冊の本にまとめることをすすめられ、このたびの刊行となりました。本書は、この『獨攷獨樂』シリーズに、手を加えて、できあがったものです。

　『獨攷獨樂』を書き綴っているあいだ、ほうぼうの古書店

や図書館をめぐり、必要な本、そして必要な記述をさがすのに、ずいぶん時間を費やしました。これは、仕事をかかえていては、困難なことだったかもしれません。いいかえれば、仕事から解放された老後の時間の使い方として、これほど楽しく過ごす方法は、ないのではないでしょうか。自画自賛にすぎるかもしれませんが、私は、そう思っています。

　仕事をしていたころは、自分の足であちこち飛び回り、自分の眼や耳で見聞きして、報告(リポート)を書いていました。ところがこんどは「安楽椅子探偵(アームチェア ディテクティヴ)」よろしく、もっぱら机の前の作業でした。この点では、老後の健康には、いささか問題がありそうです。しかし、それはそれ、旅行が好きな私には、いくらも解決策がありました。否、旅行もまた、いろいろと懸案の謎を解くヒントを与えてくれました。

　本にしてくださった辻　信行さんに、まず、お礼を申しあげなければなりません。また、『獨攷獨樂』を読んで意見を寄せていただいた先輩、友人諸氏に、感謝いたします。

　なお、参考資料にあげました先人の研究、著作なしには、この文章は、一行も書き進めることができませんでした。これら先達の方がたには、もとより謝意を表さなければなりません。それにもかかわらず、文中で敬称を略させていただきました。ご容赦いただきたいと思います。

　最後に、校正などでなにかと面倒をかけてきた妻　克子に感謝します。

2011年 初夏

西　岡　　正

著者：西岡　正（にしおか　ただし）
　1941 年，富山市生まれ．
　1963 年，東北大学理学部化学科卒業，同大学助手を経て，1966 年，朝日新聞社入社．同社出版局で『朝日ジャーナル』など雑誌の編集に携わり，『科学朝日』編集長などをつとめた後，1999 年退社．以後，遊々自適の隠居生活．著訳書に，R．プラット『水──生命をはぐくむもの』（共訳，紀伊國屋書店）など．

骨董　もう一つの楽しみ
　2011 年 5 月 31 日　第 1 刷発行

発行所：㈱海鳴社
〒 101-0065　千代田区西神田 2-4-6
http://www.kaimeisha.com/

発行人：辻　信　行
組　版：海　鳴　社
印刷・製本：モリモト印刷

JPCA

本書は日本出版著作権協会 (JPCA)が委託管理する著作物です．本書の無断複写などは著作権法上での例外を除き禁じられています．複写（コピー）・複製，その他著作物の利用については事前に日本出版著作権協会（電話 03-3812-9424, e-mail:info@e-jpca.com）の許諾を得てください．

出版社コード：1097　　　　　　　© 2011 in Japan by Kaimeisha
ISBN 978-4-87525-282-5　　落丁・乱丁本はお買い上げの書店でお取替えください

---海鳴社---

南アフリカらしい時間

植田智加子／ケープタウンのレストラン街の下宿から、子連れで大統領の鍼治療に通う日々。シングルマザーとなった著書とこの町の人びととのやりとり…。

46判240頁、1800円

パリ　かくし味

蜷川譲／精神の祖国・知の旅にようこそ！　ロランが闘い、キムラら画家達が苦悩し、またリルケや森有正らの自由への息吹が満ちている街・パリをご案内。

46判232頁、1800円

路傍の奇跡　何かの間違いで歩んだ物理と合気の人生

保江邦夫／世界的に有名なヤスエ方程式の発見譚
《本書より》：心配になった僕は再度計算をチェックしてみたが、どこにもミスはない。…教会の鐘が奏でる福音を聞きながら、僕はついに大学院のときからの希望を達成したのだ。…シュレーディンガー方程式は単に最小作用の法則…から派生的に導かれる浅いレベルの基本原理にすぎない…

46判268頁、2000円

評伝　岡潔　星の章

高瀬正仁／日本の草花の匂う伝説の数学者・岡潔。その「情緒の世界」の形成から「日本人の数学」の誕生までの経緯を綿密に追った評伝文学の傑作。

46判550頁、4000円

評伝　岡潔　花の章

高瀬正仁／数学の世界に美しい日本的情緒を開花させた「岡潔」。その思索と発見の様相を、晩年にいたるまで克明に描く。「星の章」につづく完結編。

46判544頁、4000円

---本体価格---